现代职业教育理论与实践研究

徐　悦◎著

文化发展出版社
Cultural Development Press
·北京·

图书在版编目（CIP）数据

现代职业教育理论与实践研究 / 徐悦著 . — 北京 ：
文化发展出版社，2023.12
ISBN 978-7-5142-4285-0

Ⅰ . ①现… Ⅱ . ①徐… Ⅲ . ①职业教育－研究－中国
Ⅳ . ① G719.2

中国国家版本馆 CIP 数据核字 (2024) 第 025172 号

现代职业教育理论与实践研究

徐　悦　著

出 版 人：宋　娜
责任编辑：张宝平　　　　责任校对：侯　娜
责任印制：邓辉明　　　　封面设计：守正文化
出版发行：文化发展出版社（北京市翠微路 2 号 邮编：100036）
网　　址：www.wenhuafazhan.com
经　　销：全国新华书店
印　　刷：天津和萱印刷有限公司

开　　本：710mm × 1000mm　1/16
字　　数：206 千字
印　　张：11.5
版　　次：2024 年 3 月第 1 版
印　　次：2024 年 3 月第 1 次印刷

定　　价：72.00 元
I S B N：978-7-5142-4285-0

前 言

职业教育政策是国家公共政策体系的重要组成部分，它以解决公共职业教育问题、满足公共教育利益为目的。从政治学视角来分析职业教育政策的演变规律，是公共政策研究方法及其内容在职业教育领域的运用和拓展，能够提高政策形成的科学性，提升政策执行的实效性，满足广大民众的利益诉求，服务于整个国家治理体系现代化大局。职业教育在我国当下和今后一段时间内，承担着培养高素质劳动者和技术技能人才的职责和使命。在国家不断突出职业教育战略地位的顶层设计框架下，提升职业教育吸引力的政策环境还没有完全建立起来。在国家“完善和发展中国特色社会主义制度，推进国家治理体系和治理能力现代化”的总目标下，如何克服存在的问题，调动政府、市场、企业、行业、学校、民众等多方相关者的参与积极性，实现利益共享，形成办好职业教育的合力和持久动力，实现职业教育公共治理现代化，是职业教育研究的重点和方向。本书将围绕现代职业教育理论与实践展开研究。

本书第一章为现代职业教育理论的概述，分别介绍了现代职业教育理论的内涵、现代职业教育理论的现状、现代职业教育理论的成因、现代职业教育理论的追求四个方面的内容；本书第二章为国际视角下职业教育政策分析，主要介绍了四个方面的内容，依次为国际组织层面下的职业教育政策、国外的职业教育政策分析、国内的职业教育政策分析、国际职业教育政策未来发展方向与启示；本书第三章为现代职业教育师资的培养，分别介绍了职业教育师资培养的分析框架、我国现代职业教育师资培养的基本要素、我国现代职业教育师资培养的主要特点、我国职业教育师资培养的改进对策四个方面的内容；本书第四章为现代职业教育的教学方法实践，主要介绍了四个方面的内容，依次为现代职业教育的教学的原理与过程、现代职业教育的具体教学方法、现代职业教育的教学的模式、现代教育技术在职业教学中的应用；本书第五章为现代职业教育的课程构建，分别介绍了现代职业教育课程的相关概论、现代职业教育课程的开发、现代职业教育课程的未来发展三个方面的内容。

在撰写本书的过程中，作者得到了许多专家学者的帮助和指导，参考了大量的学术文献，在此表示真诚的感谢！

由于作者水平有有限，加之时间仓促，本书难免存在一些疏漏，在此，恳请同行专家和读者朋友批评指正！

徐悦

2023 年 5 月

目录

第一章　现代职业教育理论的概述

本章主要讲现代职业教育理论的概述，主要介绍了现代职业教育理论的内涵、现代职业教育理论的现状、现代职业教育理论的成因、现代职业教育理论的追求四个方面。

第一节　现代职业教育理论的内涵

一、职业教育

职业教育与普通教育的侧重点不同，它更注重实践技能和实践技术能力的培养，在培养人才技术的层面较普通教育更有优势。可以根据技术针对领域的差异将其分为两大类：针对人类的日常生活起居物品的生活类技术和针对创造物质、制作物质的创造制作类技术。职业教育是为了传承技能、培养多类型人才、促进人才就业，其教育教学的重点更多放在制作类技术和为人们生活提供便利的服务类生活技术。[①] 技术不能直接发挥它本身的效能，而是需要人的操控，因此，职业教育的目标就是使受教育者熟练掌握技术的理论与实践应用，从而提升人才的创新创业能力，为各类型人才的多方向发展奠定基础。

职业教育这一概念的外延一般是从其人才培养目标定位进行划分的。技能型人才与技术型人才的传统划分有其学理上的弊端，技能侧重实践应用而忽略了科学本身的理论性，规范程度和可操作性都不如理论与实践结合更充分的技术，技术是不局限于职业教育的促进创业就业这一目标的，它平衡了技能学习和知识文化，拥有长远发展的潜力，为职业教育的长足发展和职业教育质量的提升提供了科学有效的保障。职业教育不只需要掌握实践技能，也需要注重理论知识的积累，因此，不能狭隘地将职业教育理解为专项就业的职业培训，而应该将理论与实践充分结合，为各个类型、各个层级的人才提供不同的技术教育，构建职业教育与

① 陈昌曙．技术哲学引论[J]. 科学出版社，2012：176—179.

高等教育之间的通道，真正为我国应用型人才的培养提供动力，为我国的工业化建设和社会主义现代化建设提供高素质人才。

二、职业教育理论

回答中国现代职业教育理论体系宏观架构问题的前提是厘清理论、教育理论、职业教育理论等相关概念及其相关关系。

（一）理论含义

理论是对事物的知识和规律性的理解和论述。人们从日常观察和好奇心中解放出来，并采取一种观看的态度，以理论的方式来理解和解释现象。

西方学术界认为，理论的起源可以追溯到古希腊词源学。原始的希腊语词汇“theoria”来自动词“theorein”的阴性名词形式，意为“观看”或“观赏”。理论的本义是通过观看和洞察事物，以及采取理论的态度来获得知识。

理论的发展也涉及从自然态度到现象学态度的转变。这种转变可以在柏拉图的“洞穴譬喻”中找到经典的描述。在这个譬喻中，理论被视为将黑暗世界“照亮”、具有“洞明”思想品质的观看过程。

在我国的语境中，理论指的是人们对事物知识的理解和论述，包括辩论、争论和讲道理的活动。它是一个组织起来的概念集合，用来解释某种现象或一系列现象。

综上所述，理论是逻辑地联系假设的一组知识体系，它解释事物的本质和规律性，以及为人们的行动提供指导和建议。

可以将理论概括为系统化的科学知识，它涉及对客观事物的本质和规律性的相对正确的认识。这种认识是通过逻辑论证和实践检验得出的，并以一系列名词、术语、命题、概念、判断和推理的方式进行表达。理论不仅仅是对现实的描述，更是对现象背后深层次规律的解释和解析。它通过反思、分析和推理来系统化地组织、阐述和探索各种知识领域中的核心问题。通过逻辑论证和实践检验，理论可以不断完善和修正，以使其更具科学性和可靠性。理论的形成是建立在科学方法和体系的基础上进行的，它要求研究者进行客观、全面的观察、实证和推理，并提供对现象和现实的深入理解。通过逻辑推理和实践检验，理论能够解释现象的原因、规律和相互关系，并为人们提供指导和预测未来发展的基础。因此，理论是一种有机的、系统化的科学知识形式，以逻辑连贯和实证可靠的方式对客观事物的本质和规律进行理解和解释。它是科学研究和学术探索的重要基石，为我们认识和改变世界提供了重要的思考框架和指导原则。理论也可以指人们关于事物知识的理解和论述，或指辩论是非、争论和讲道理。一般来说，理论有三个特征。第一，实际中可验证。就是说在生活中可以找到例证，是一个有意义的问题，而不是天方夜谭，不是谎言。正如毛泽东同志在《整顿党的作风》一文中指出的："真正的理论在世界上只有一种，就是从客观实际抽出来，又在客观实际中得到了证明的理论。"[①] 第二，逻辑上能自洽。就是指能成一家之言，也就是我们通常所说的言之成理、持之有故。立论要公允，材料要翔实，理论不能有破绽，逻辑不能有错误。第三，现实中能生成。一个理论不仅应该说明其内容和相关事物的关系，还应该阐明使得这个理论本身产生的可能条件。如果理论不能解释这一点，那么它应该认识到问题仍然存在并悬而未决。理论的形成和发展是基于一定的前提条件和背景的，这些条件可能涉及观察、实证、推理、研究方法、学科范畴等多个方面。理论应该明确表明这些条件，以使读者或研究者能够了解理论的产生过程和依据，从而对其进行评估和对比。另一方面，理论也应该认识到问题的存在。即使一个理论在某个领域或特定条件下是有效的，但在其他情况下可能存在挑战或限制。理论应该清楚地说明其局限性和适用范围，以避免错误理解和过度推广。因此，一个理论应该具备自我反思的能力，意识到它本身的产生条件，包括方法学、观察和实证依据等方面。同时，它也应该知道问题的存在，并警示研究者和读者问题仍然悬而未决，需要进一步探索和研究。这样的认识有助于推动理论的发展和完善，以不断提高理论的准确性和科学性。

（二）教育理论含义

《教育大辞典》认为，教育理论（educational theory）是教育现象和教育规律理性认识的成果，是教育科学知识的总和，是与教育实践相对的。从这一解释可以看出，教育理论的三个基本特征：第一，它是一种理性认识，具有抽象性、间接性、普遍性的特征，是由概念、判断和推理等基本要素构成的；第二，它表征为教育学的学科知识；第三，它来自实践，又高于实践，对实践又发挥着指导和引领的作用。

从"科学"的意义上讲，教育理论应当满足以下四条标准。

第一，要符合实际，得到实践的检验。教育理论是针对教育过程中的事务展

① 毛泽东选集：第三卷[M]. 北京：人民出版社，1991，87.

开的抽象的理论概括，理论的展开与推进离不开实践的探索与深入，因此，教育理论需要从实际出发，通过教育过程实践检验，充分论证教育理论的合理性，才能确保教育理论对实际教育教学的指导作用得到充分的发挥。

第二，要符合教育过程中从原理到结论的科学逻辑。在实践探索教育理论的过程中，无论是教育理论的体系、目标还是教育理论的发展方向，都是遵循严密逻辑的，只有符合逻辑的理论才能为教育的实施提供科学有效的指导作用，逻辑不能自洽的教育理论只会给教育理论的良好发展造成阻碍。

第三，教育理论应该模块化并且减少模块之间的耦合。科学有效的指导理论不仅要逻辑自洽，而且要拥有充足的可行性，对理论进行改善时付出的时间等资源要尽可能减少。因此，合格的教育理论体系内部应该在保障协调统一的前提下，尽可能使理论体系包含的相关教育概念、内涵模块化，模块化是对教育理论内部概念的有效分类，可以使理论概念充分协调，减少修正的复杂度。在教育理论模块化的同时，还应降低各个模块之间的耦合程度，确保教育的实施不会因局部环节的受阻而无法继续进行。

第四，要保证教育理论对社会发展趋势和实际生活的指导作用。合格的教育理论应充分发挥其指导作用，结合实际情况调整教育理论的体系、目标等，为教育的长远发展和教育目标的实现奠定理论基础，同时可以根据社会发展情况和社会实际需求正确判断教育理论未来的发展方向。

（三）职业教育理论含义

职业教育理论是对教育过程中的教育理念、体系、优势、特点、影响因素、教育内涵等内容的理论概括，它在实践的反馈下不断修正，为职业教育的实施提供指导作用，是符合社会发展趋势和教育规律的理论内容。职业教育理论不同于教育过程中积攒的教育经验和教育知识，从职业教育特征、类型、发展趋势、教育方法到职业教育的政策保障与体系重构，职业教育理论是对职业教育成体系的总结。职业教育理论为职业教育的发展提供指导，它从社会发展趋势和职业教育的实际情况出发，为职业教育高质量发展、师资质量水平的提高、教育模式的更新、创新能力的提升以及科学有效的教育体系的构建提供理论层面的方向。职业教育理论需要根据实际的职业教育的目标与方向，为不同类型、不同层次的人才提供差异化的技术指导，由于接受职业教育的人群的目的不同，职业教育的内容选择和方法选择都需要具有针对性，同时，职业教育与高等教育的教育目的不同，要根据职业教育的实际目标，即培养具有理论知识和实践技能的人才，制订相应的教育计划，选择适合的教育内容，创新职业教育的人才培养模式。职业教育理论的完善涉及不同的学科知识及生活的诸多方面，吸收不同学科的知识与理论，深化对职业教育理论的理解，才能使职业教育理论朝着全面的方向发展。职业教育理论是在教育理论指导下对职业教育现象和规律的特殊性进行理论认识的成果。

不同的教育理论类别拥有不同的教育效果，因此，教育业内人士非常重视教育理论的分类。教育理论的科学有效分类对教育者在教育过程中逐渐拥有个人的职业归属感有良好的促进作用，教育类别的研究涵盖了对教育理论的分类研究，这类研究成果为教育理论的有效分类提供了科学指导。常见的分类方法有 3 种。

（1）采用科学的分类理论，与实际教育结合，为教育理论的分类提供普适性的科学建议。这类科学理论从分类标准、分类理论、实际应用等方面对教育理论进行相应的演化与适应，进而得出符合教育理论实际的分类方法。

（2）对常见的教育理论进行遍历，不制定具体的教育理论分类标准，而是通过理论数量的陈列试图对教育理论进行详细的分类。

（3）根据教育工作者及教育理论研究者的实际教育经验，结合社会发展趋势和当下的教育进展情况，对教育理论进行分类。

这三种教育理论的分类方法有着各自的优点，但也有相应的缺陷。科学理论的分类方法可能不能适应教育理论面临的真实教育问题，无法提供科学有效的分类指导，并且教育的价值不能完全以标准化的形式进行衡量，那么标准化的科学分类也可能不适用于教育理论的分类。遍历式的分类方法过于繁杂，无法针对教育过程中遇到的实际问题，提供切实有效的解决方法，无法发挥教育理论的指导作用。教育工作者或研究者视野有限，根据经验对教育理论进行的分类可能不具有更大范围的普适性。布列钦卡（Wolfgang Brezinka）认为，教育理论可以分为教育科学、教育哲学和实践教育学三种。[①] 将这一分类方法应用于职业教育理论的分类中，可将职业教育理论分为描述职业教育的发展情况的职业教育科学理论，描述职业教育的本质的职业教育哲学理论，描述职业教育实践发展方向的职业教育实践教育学理论。在此基础上，随着研究的深入，还存在一部分以职业教育知识、理论为研究对象的理论，它从逻辑和方法论的角度对职业教育知识、理论进行考察，可以称为职业教育元理论。

① 沃尔夫冈·布列钦卡．教育知识的哲学[M]．杨明全、宋时春，译．上海：华东师范大学出版社，2006.

三、中国现代职业教育理论及其体系

（一）现代与现代性含义

现代性伦理基础是人的自由。在政教分离的国家中，教育分为世俗教育和宗教教育。世俗学校教育的现代性通过“探究”验证知识以发展个体的理性。现代性的障碍是基于个体设置的“等级思想”所构建的政治体制。当每个人都成为自由的主体，世俗学校的职业教育与社会精英的教育融合时，学校职业教育才能实现其现代性。

“现代”是指从17世纪以来的历史时期，与古代或传统相对应。“现代性”是描述现代特征、状态和程度的概念。它涵盖了独特的社会生活和事物的性质、状态。深入理解现代性的内涵和标准，需要考虑其在时间和表征方面的含义。

“现代性”是时代发展的必然，它超越了时间的界限，更注重于质的内涵。现代性与现代化密不可分，包括工业化、城市化、科技进步、世俗化、市民社会、殖民主义、民族主义和国家建设等众多历史进程。现代性跨越政治、经济、社会和文化等各个领域，相互交织。现代性的形成代表着世俗政治权力的确立和合法性认同、民族国家的建立、市场经济的兴起，以及传统社会秩序的转变与社会分工的演进。从心理影响的角度来看，现代性呈现了人们对历史巨变的独特体验。现代性在不同国家、社会和个体经验中呈现出多元化的变革。在现代性观念中，每个人都是国家的组成部分，每个人身上都承载着国家的特质。现代性赋予了每个人自由平等的地位，每个人都具有目的性，不应被视为工具。从人类历史的发展趋势来看，现代性已成为无法逆转的倾向。

（二）现代学校教育含义

学校教育的现代性可以追溯到古代城邦社会，特别是古希腊时期。在那个时候，柏拉图和亚里士多德等哲学家探讨了城邦的教育制度。他们都认为，教育对于城邦治理至关重要，强调培养人的理性和知识。

柏拉图在《理想国》中提到，国家必须有最有知识的人才能够拥有权力，而教育的作用高于法律。他强调教育可以陶冶人民的品行，并认为人们在最小的时候就应该接受适于心性发展的训练。

亚里士多德在《政治学》中提到，理想的国家应该以德行作为分配政权的标准。他主张通过立法和教育来培养公民德行，使其理性、知识，和城邦的利益保持和谐一致。他认为对少年儿童进行教育非常重要，公民应在七岁时开始接受教育，并通过科学知识塑造理想的人格。

在古希腊的雅典，社会阶级分化较为明显。在雅典，社会分为自由人和奴隶，而掌权的阶级限于贵族和平民。学校教育主要针对自由人，培养其成为未来从事社会组织管理的官吏。

文艺复兴和启蒙运动后，人们开始重新思考学校教育。洛克认为教育制度应根据不同的境况为青年人准备不同职业所需的有德行、有用、能干的人才。孟德斯鸠认为不同政治共同体应采用不同的教育原则，教育是国家制度因人民的品格而异的关键。

卢梭则主张回归自然的教育方法，认为只有在自然状态下的教育才能培养出自由、独立和多才多艺的人格。

总的来说，学校教育的现代性在古希腊时期开始出现，经历了不断的演变和思想的碰撞。从强调理性和知识对城邦治理的重要性，到根据不同的社会情况和政治共同体制定不同的教育原则，教育的目标是培养有德行、有知识、有用处的公民。

哲学家们开创了学校教育现代性的研究领域，他们共同关注人的理性和道德培养，以及知识在教育中的作用。他们强调现代学校教育制度与国家制度的一致性，但对于如何实践学校教育的现代性问题尚未达成共识。

（三）现代学校职业教育含义

学校职业教育的现代性与国家现代化之间的密切关系。随着工业的发展，产业工人中变得非常重要，其地位显著提升。科技的进步推动了人类理性思维的发展，社会底层民众成为理性思维的主体，而不仅仅是社会秩序的维护者（自由人）。这导致民族国家从现代政治共同体转变为现代民主国家，并将教育体系从精英教育扩展为精英教育与社会底层的职业教育共存。最终，两者都被职业教育所取代（将 vocation 用 career 代替）。

学校的职业教育逐渐纳入国家公共学校教育体系，社会底层人接受的职业教育因此取得合法地位。学校的职业教育概念逐渐被教育这一更广泛的概念所取代，受教育者在进入具体工作岗位之前的职业培训成为终身学习的一部分。

学校职业教育的现代性需求是符合当代国家的要求，即促进共同经验和共识，以及增进理性自由。现代国家是每个人共同的国家，是一个民主的国家。社会中存在着大量共同的价值观，需要全体成员达成一致共识。不同社会群体之间的相互影响更加自由，各种利益相互渗透并不断进步和调整。为了满足现代国家的要求，社会必须为全体成员提供平等和宽容的条件，确保他们有获取知识的机会。这是通过学校教育来实现的，学校教育应该提供共同的经验，并以确保每个人都能获得平等的教育机会为目标。同时，学校职业教育也应促进社会的理性自由。个人的自由在现代社会中非常重要，而民主制度使得人们的理性思维能够自由发挥。学校教育应该培养学生的理性思维能力，使他们能够作出独立的决策和行动。学校职业教育的现代性需满足现代国家的要求，即促进共同经验和共识，以及增进理性自由，以适应现代社会的民主要求。学校教育的“力量源泉是个人所受的训练、性格和理智”①。现代国家的制度发展和建设需要充分发挥学校教育的作用。学校教育在实现政治民主和社会安全方面扮演着重要的角色。现代国家的制度必须不断被重新审视、发掘、改造和重组。民主政治、经济和社会制度必须不断调整和改变，以适应人们对新资源需求和满足的不断变化。如果现代国家停滞不前，企图保持现状，它将走向衰落的道路。

现代社会建设离不开教育。狭义的教育，包括家庭教育和学校教育，是维持民主制度并推动其发展的关键。教育虽然不是唯一的工具，但它是首要、最重要、最具影响力的工具。在现代社会中，教育的作用不可忽视。它培养人们的思维能力、价值观念和知识技能，为人们的整体发展和参与社会生活提供基础。

（四）中国现代职业教育理论及其体系含义

在研究中国现代职业教育理论时，“现代”一词限定了研究的时间和空间范围。职业教育经历了不同的发展阶段，从学徒制到学校职业教育的形成与普及，再到职业教育体系的立法确认，以及当前全球化、终身教育思潮和知识经济背景下的职业教育。在我国，现代职业教育起源于洋务运动和民国时期的发展，与今天的职业教育存在差异。因此，研究的重点是与当代中国时代发展紧密相关的职业教育理论，指导改革开放以来社会转型期的职业教育发展。通过借鉴发达国家的经验，同时结合中国特色与当代背景，致力于生成和发展本土化的职业教育理论。

职业教育理论体系是一种组织化的结构化职业教育理论知识体系，它以概念、范畴和原理为基础，构建起职业教育的理论框架。这一体系满足了人类教育和职业教育自身发展的需要，也推动了职业教育学科的产生和发展。从历史发展的角

① 约翰·杜威．杜威全集中期著作：第三卷[M]．徐陶，译．上海：华东师范大学出版社，2012.

度来看，职业教育理论几乎与职业教育实践同时产生，而职业教育理论体系的形成则是随着职业教育理论的有意识发展逐渐形成的。职业教育理论体系的形成依赖于对职业教育理论的有意识总结和反思，以满足职业教育的发展需求。通过对职业教育经验和常识的理论建构，职业教育的理论体系逐渐变得清晰、完整起来。

职业教育理论体系的主要功能是为职业教育实践提供指导和支持。它通过抽象思维、概念化和系统化的方式，对职业教育的目标、内容、方法和评价进行探索和解释。职业教育理论体系为职业教育实践提供了理论依据和方法论，帮助职业教育从事者更好地理解职业教育的本质和特点，并能在实践中作出合理的决策和调整。

职业教育理论体系的形成是一个渐进的过程。它以职业教育经验和实践为基础，通过理论的积累、总结和反思，逐渐发展出一系列有关职业教育的原理、规律和方法。这些理论构建的过程是不断迭代和完善的，通过实践的检验和理论的反思，逐步丰富和拓展职业教育的理论体系。

职业教育理论体系的建构是一个开放的过程。它不仅依赖于学者和专家的研究和思考，也需要与实践相结合，与时俱进。随着社会经济的发展和职业教育实践的变化，职业教育理论体系需要不断更新和调整，以适应新的需求和挑战。

总之，职业教育理论体系是职业教育领域的重要知识结构，它为职业教育实践提供了理论支持和指导，推动着职业教育的发展和进步。在一门学科发展的过程中，随着学科知识的不断增加，以内在的或者客观世界的逻辑为依据梳理它们的内部结构，建构整个理论知识的逻辑“大厦”，对知识进行分类管理便成为一种必然。理论体系的建设与形成是一门学科成熟的基本标准。所谓“中国现代职业教育理论体系”，就是用概念、范畴和原理构建起来的，用以指导我国改革开放以来职业教育发展的知识系统。

可以说，职业教育理论是将教育理论应用于职业教育领域的结果，它源于教育领域的研究和理论构建。职业教育理论不仅借鉴了教育学、心理学、社会学和经济学等学科的理论，还结合了职业教育的特殊需求和实践经验，形成了独特的理论体系。

职业教育理论的一方面是将教育理论与职业教育相结合，将教育原理和方法运用到职业教育实践中。通过教育理论的指导，职业教育可以更加系统地设计课程、开展教学活动、进行评价和指导学生的职业发展。教育理论提供了职业教育实践的基础和准则，帮助教育者更好地理解和引导学生的学习和成长。

另一方面，职业教育理论也是职业教育实践的智慧产物。通过对实践经验的总结和反思，职业教育理论不断丰富和发展。职业教育实践中的挑战和问题促使教育者思考和探索，从而形成了一系列适应职业教育需求的理论框架和原则。职业教育理论融合了多个学科的思想和理论，形成了独特的理论体系，为职业教育的发展提供了理论支持和指导。

职业教育理论的发展离不开教育实践的支撑，而教育实践的进步也需要理论的指导。职业教育理论与实践相互促进，相互影响。理论的发展需要与实践相结合，经过实践的检验和验证，才能不断完善和提升。同时，实践的需求也催生了新的理论思考和创新。

因此，职业教育理论既是教育理论在职业教育领域的应用，也是职业教育实践中智慧的结晶。它代表了教育领域对职业教育的深入研究和理论化的成果，为职业教育提供了重要的理论支持和指导。

理论体系作为一种结构化的知识系统，从研究的视角看，职业教育理论体系应该包括以下三大基本要素。

第一，基本原理。职业教育理论体系的基本原理是其框架、主干和精髓，它包括了基本概念、基本定律和科学推论。基本概念是职业教育理论体系的基石，它是对职业教育领域中重要概念的抽象和界定。基本概念可以包括职业发展、职业能力、职业导航等，它们在理论体系中具有重要的作用，用于描述和解释职业教育的本质和特点。基本定律是对基本概念之间关系的判断和表达，它反映了职业教育领域中概念之间的因果关系、相互影响等。基本定律是职业教育理论体系建立的基础，它们提供了框架和规律，帮助研究者更好地理解和分析职业教育的运行和发展。科学推论是通过基本概念和基本定律进行演绎和推导得出的结论。科学推论在职业教育理论体系中起着理论解释和预见的作用。通过科学推论，可以深入理解职业教育的运作机制，预测并解决职业教育中的问题，指导实践。基本原理在职业教育理论体系中扮演着重要的角色，它们构建了理论体系的骨架，为职业教育研究和实践提供了基础。同时，基本原理也不是一成不变的，随着职业教育领域的发展和实践的变化，它们需要不断迭代和完善，以适应新的情境和挑战。

第二，经验知识。经验知识是职业教育理论体系中不可或缺的要素，它是通过对社会实践中客观事实的描述和总结而形成的。经验知识在职业教育理论中承担着重要的角色，既是基本原理的支撑和论证的依据，也是理论与实践相结合的重要桥梁。作为职业教育领域的经验性知识，经验知识包括从实践中获得的案例、观察和实证研究的结果。这些经验使教育理论研究者能够了解职业教育实践中的问题、挑战和成功案例，从中提取出有用的经验和教训。经验知识与基本原理相互关联，互为依托和补充，基于经验知识的总结和归纳，可以得出基本原理的验证和发展，同时基本原理的指导和启示也丰富了经验知识。经验知识在职业教育理论体系中扮演着重要的角色。它可以帮助理解和解决实际问题，指导职业教育的实践。同时，经验知识也需要理论的指导和验证，从而不断完善和提升。通过将经验知识与基本原理相结合，可以实现理论与实践的良性循环，推动职业教育的发展和改进。总之，经验知识是职业教育理论体系中重要的组成部分，它通过实践中的观察和总结而得出，对于理解职业教育的问题与现象、指导实践具有重要意义。经验知识与基本原理相互依存、相辅相成，在理论与实践的交互中促进职业教育的发展和进步。

第三，逻辑方法。逻辑方法在职业教育理论体系中扮演着重要的角色。它是一种思维和推理的方法，通过遵循逻辑规律和运用逻辑推理，使各种经验和理论知识得以有序化，从而形成严密的结构体系。逻辑方法包括逻辑推理、论证方法和思维过程中必须遵守的逻辑规律。逻辑推理是根据前提和规则进行推断和推理的过程，通过分析、比较、归纳和演绎等方法，得出合乎逻辑的结论。论证方法是为了验证和证明某一论题的正确性，通过提供有力的证据和合理的推理，使别人能够接受和理解。逻辑规律是在思维过程中必须遵守的规则，如排中律、同一律、非矛盾律等，它们规范了思维过程的合理性和准确性。逻辑方法是使职业教育理论体系有机结合和内在一致的基本手段。逻辑方法可以帮助研究者明晰思维的逻辑链条，使理论体系的各个环节相互衔接、相互支持。逻辑方法的应用使得职业教育理论的基本原理得以论证和验证，经验知识得以概括和总结，从而促进整个理论体系的建立和发展。没有逻辑方法的参与，职业教育理论的基本原理无法得到准确的论证，经验知识无法被有效地概括和运用，整个理论体系也难以建立起来。逻辑方法的运用能够加强理论研究的逻辑性和严谨性，提高理论的可靠性和科学性。因此，逻辑方法是职业教育理论体系形成与发展的重要基本手段。

第二节　现代职业教育理论的现状

目前我国职业教育理论体系主要有三种：一是临摹的教材理论体系，这是职业教育知识教与学的理论体系；二是滥觞的学科理论体系，这是职业教育学术共同体努力构建的属于自己的范畴意义上的学科话语体系；三是阻隔的学术理论体系，这是职业教育学术研究与知识生产的理论体系。

一、临摹的教材理论体系

改革开放以来，我国职业教育教材编写与出版工作取得了显著成绩。然而，大部分职业教育教材都是多人合作编写的“拼盘式”成果，缺乏创新和独特性，存在内容重复和逻辑体系雷同的问题。对于职业教育的特殊性关注不够，逻辑体系呈现出“学科论—基本理论—课程与教学论—教育管理论”的模式。以普通教育学教材的结构为例，解放后我国第一部《职业技术教育原理》（经济科学出版社，1998 年）的主要内容如表 1-1 所示）。这种“拼盘式”的教材编写方式导致了教材内容的重复和雷同，缺乏新颖和独特的观点和理论。这种情况在职业教育教材中尤为明显，因为职业教育有其独特的教学目标和方法，需要专门的理论支持和指导。

为了解决这些问题，需要更多的个人专著和独立思考，推动职业教育教材的创新和发展。只有注重思维逻辑和内在联系，关注职业教育的特殊性，才能增强教材的理论性和实用性，提高职业教育的教学质量和实效性。

表 1-1　高奇主编的《职业技术教育原理》目录

章序	标题	章序	标题
第一章	职业技术教育原理研究的对象和任务	第六章	职业技术教育课程开发
第二章	职业技术教育的社会功能	第七章	职业技术教育教学的一般原理
第三章	职业技术教育与人的全面发展	第八章	职业技术教育的理论教学与实践教学
第四章	职业技术教育体系	第九章	职业技术教育管理
第五章	职业分析与专业设置		

二、滥觞的学科理论体系

学科中的理论体系是该学科的核心框架，它涵盖了学科的优势、模式、特点、价值和素质等方面。这些理论体系对学科的发展起着重要的引导和支撑作用。它们将学科知识的要点有机地组合起来，展示了学科独特的观点和理念，体现了学科理论的深度和广度，并凝聚了学科学者们的智慧，突显了学科的时代氛围。范畴水平理论体系的构建是学科成熟的重要标志，它表明学科已经具备了相对稳定的理论积累和方法体系。

在我国的职业教育学学术界，一直在努力构建职业教育学的理论体系。特别是近年来，对职业教育基本理论问题的研究成为学科建设的重要方向之一。职业教育学的理论体系的构建旨在全面系统地揭示职业教育的本质、特点、规律和价值，为职业教育的改革与发展提供强有力的理论支持。这个过程需要借鉴国内外的研究成果，加强理论框架的梳理和完善，同时注重实践经验的总结和案例分析，确保理论体系与实际问题相结合，推动职业教育学科的不断发展。

对于职业教育学科理论体系的构建，有两种基本方法。

第一种方法是逻辑起点法，它认为职业教育学理论体系的构建应该从逻辑起点出发，通过运用逻辑手段逐步展开，从抽象上升到具体，建立一个严密的逻辑系统。在这种方法中，研究者会确定一个或多个逻辑起点，例如工作知识、技能训练、职业等，然后通过对这些起点进行深入研究和分析，逐步扩展和延伸，形成一个完整的理论体系。

逻辑起点法的优势在于可以从一个明确的概念或现象出发，通过逻辑推导和演绎的方式，建立起理论体系的框架结构。它有助于系统化地组织和解释职业教育学的各个要素和关系，使得理论体系更加内聚且逻辑清晰。

第二种方法是范畴法，它认为学科的范畴确定和研究是构建学科体系的基础。通过对学科内不同范畴的研究和分析，可以揭示学科内部各个范畴之间的内在联系和相互作用，从而建立起一个系统的范畴水平的理论体系。在构建过程中，需要根据逻辑推演的轨迹，逐步深入研究各个范畴，形成结构严谨、有机衔接的理论框架。

范畴法的优势在于它将学科的研究对象和范围作为理论体系构建的基础，具有很强的系统性和整体性。通过对学科的范畴进行深入研究，可以获得更全面、准确的学科认知，从而为学科的发展和应用提供了坚实的理论基础。

无论是逻辑起点法还是范畴法，它们都是为了构建学科的理论体系而采取的方法。关键是要在理论建构过程中保持科学性、系统性和实践性，不断完善和拓展职业教育学的理论体系，为职业教育的改革和发展提供有效的支持。通过不同的思路和途径，都旨在揭示学科内部的规律和原理，推动学科的发展和进步。在职业教育学科的构建中，这两种方法可以相互结合，形成更为完整、系统的理论体系。

职业教育学的理论体系目前处于初级阶段，缺乏严谨性和逻辑性。由于职业教育是一门应用性的软科学，理论体系相对不够紧密。新的职业教育知识无法准确地嵌入整体知识框架的固定位置，导致理论体系较为松散。职业教育学的理论体系是一种有效的解释框架，旨在规范和约束学科研究，使人们了解学科研究活动并发现未研究的领域。中国现代职业教育学的理论体系应具有多样性和开放性，同时体现中国特色。职业教育学的理论体系需要不断探索和完善，适应职业教育的发展需求，并为职业教育的改革和发展提供理论支持。

三、阻隔的学术理论体系

职业教育与普通高校教育最大的区别就是教育目标，职业教育侧重从实际情况出发，解决社会中存在的实际问题，而普通教育与社会经济的发展的联系则没有职业教育紧密。完善职业教育体系要求教育理论研究者从传统的教育理念中脱离出来，从教育目标、教育内容、教育机制、教育模式等多方面提高职业教育理论的指导作用，同时，不能忽略职业教育与社会经济发展之间的紧密联系，职业教育理论研究者需要结合社会经济发展的实际情况，将职业教育与其他学科有机结合，发挥各个学科的优势，从全局的视角解释职业教育过程中的现象并解决其中出现的问题。

职业教育的研究是针对其为社会经济发展服务这一教育目标而实施的，因此，职业教育的研究过程中，相关研究者大多将职业教育视作小型社会，将社会发展的规律应用到职业教育理论研究中，以项目开展的形式进行职业教育，以达到促进社会经济发展的目的。除此之外，职业教育理论研究者还对社会经济、政治、文化等领域进行深入探究，以期社会发展的本质力量推动职业教育理论的完善与发展。职业教育理论的更新需要与其他学科进行优势互通，只有多学科融合的职业教育理论才是具有较大范围普适性的教育理论，才能对职业教育工作的开展起到全面的指导作用。

但是人文社会学科要进行跨学科或多学科研究是一个公认的难题。曾经兴盛的跨学科研究团体和机构衰败的原因不是社会或理性关怀的差异，而是学科建制的路径依赖。学科制度的壁垒使得从事跨学科研究的人处于边缘地位，他们很难重建自己的学科认同，并常被视为不合群。整个知识生产建制完全按照这种长期依赖的路径而建立，没有创新与实践的活力，创新研究和跨学科研究的理论得不到应有的重视，职业教育学作为其中的一个子系统，很难摆脱这一体系。作为人才培养系统的一部分，它不仅规范现有的职业教育学者、培训未来的学者，而且控制着学生毕业后的职业类型，甚至还能反过来规定或创造社会对知识的需求类型。职业教育学的学术研究和人才培养的实际目标应该是解决职业教育过程中出现的实际问题，将职业教育领域的专业知识与技能和其他学科建立联系，建立相对通用的教学模式，完善职业教育的教育理论体系，这是一个艰巨而漫长的任务。

第三节　现代职业教育理论的成因

造成目前我国职业教育理论体系现实困境的原因是复杂的。

一、研究目的较为功利

职业教育理论研究，作为一种学术研究，其根本目的应该是对真理的追求，但从职业教育的研究现状看，其已明显被功利化。从职业教育学著作看，存在许多庞大且内容冗长的著作填满了职业教育学。然而，仔细研读后会发现其中很多并不能称为真正的职业教育学著作。相反，这些作品更类似于工作报告、经验总结或小论文集等简单朴素的出版物。

整个领域的学术期刊每年刊发大量论文，然而相关研究往往缺乏严谨的逻辑推演，实践研究缺乏充分的实证数据支持，比较研究常常缺乏充分的外文参考文献。受功利驱动的影响，同一篇论文可能会被多次投稿或发表，甚至有些研究者通过改变题目或轻微修改，将同一篇论文分割成多篇。

这种对数量的过度追求导致职业教育学科严重泡沫化，相关学术期刊的文献数量不断增加，发行周期从月刊缩减到半月刊，甚至有些杂志变得平庸无趣。从国家科研立项的角度来看，教育行政部门立项的初衷是通过科学研究解决职业教育中的问题，为政府决策提供咨询。然而，在现实中，许多项目申请者更关注经济和象征性资本的追求，参与者主要出于职称评定的需求，研究生群体也被迫陷入其中。

在这种情况下，相关课题研究成果的有效性较低，而研究报告往往被教育行政部门忽视。这对于职业教育学科的发展带来了严重的负面影响。

二、研究对象偏生活化

在职业教育研究中有一个现象叫做“生活崩溃”。这一现象意味着研究人员常常盲目地选择那些引人注目或者表面上看似重要的经验，而忽略了深入科学工程的需要。布迪厄（Pierre Bourdieu）指出，社会科学有很多“社会问题潜伏在社会科学的大门内”，这种现象一般是根据对最近的发展的反应而产生的。这些问题往往随着社会和学者对当代事件的反应而变化，相关社会科学知识的生产者因此而缺乏深刻的思考，成为社会趋势的“傀儡”。

在职业教育研究领域这种“生活崩溃”现象已经成为常态。许多职业教育研究员似乎一直是实践和管理人员的忠实“继承人”。当职业教育活动中出现时不时的问题或者管理人员提到通用研究时，这些研究人员很快产生其研究的兴趣，将研究的重心转移到这些所谓的热点问题上。从过去的两年制职业培训到“职业教育的吸引力”再到“2025 年中国制造”，似乎存在无穷无尽的研究领域值得关注。事实上，在追求它的及时性的情况下，研究人员常常被迫在短时间内毫无准备地进行研究，这削弱了研究的质量，限制了他们解释现实的能力。

对当前的职业教育问题热点的追逐，以及研究课题的科学构造的缺乏，注定会使专业教育的学术知识水平下降，对重要理论问题的关注也下降。在职业教育中，很少有科学家愿意在沉默中积累知识。大多数研究员在职业教育中不过是紧贴热点，发布一些更类似于常识的研究内容。即便是那些渴望在职业教育上进行基本理论研究的人，也会被人嘲讽为纸上谈兵，盲目的“追随者”盖过了他们深入研究的声音。

布迪厄曾给出过经典的解释：兜售常识的人在场域内总是有机可乘，因为他们最能迎合某种现实的需要，道理很简单，即所谓的“劣币驱逐良币”。“这些人企图以最低限度的代价，对各种要求做出回答，以寻求直接利益，却无须做一些必须而又艰苦的工作。而这些工作，对于普通民众的各种社会问题转化成导向科学解答的社会学问题来说，又是必不可少的。”[①]

三、研究主体处于游离状态

造成职业教育理论研究现状的另一个问题是职业教育研究者至今没有形成紧密的、具有共同目标的学术共同体，职业教育研究主体处于游离状态。职业院校的管理者和一线教师，随着职业院校校本研究的推进和对自身作为教育理论研究者这一角色的进一步认识，逐渐涉足职业教育研究领域。他们首要身份是学校的管理人员或教师，主要职责仍围绕管理和教学工作展开。他们从事的研究类型主要是行动研究，旨在解决实践工作中的问题，而非以知识生产为主要目标。因此，他们可被称为非专业职业教育研究者。他们虽然参与学术共同体，但由于本身在院校中担任一线教育职位，他们在教育理论研究这一体系内的地位比较低。他们一方面在创造职业教育的实践理论，但更重要的是作为专业职业教育研究者的信息接受者。这是职业教育学术共同体的一个显著特征。更大的问题是，这些非专

① [法]皮埃尔·布迪厄，华康德．实践与反思：反思社会学导引[M]．李猛，李康，译．北京：中央编译出版社，2004.

业的职业教育研究者，主要来自占高等教育“半壁江山”的、科研基础较差的高职院校，但在晋升职称、学校科研考核的压力下，他们“生产”了职业教育九成以上的科研论文。这些非专业的职业教育研究者与专业的职业教育教育研究者由于“理论”与“实践”的冲突而产生某种程度的关系紧张：非专业职业教育研究者的经验上升为职业教育实践理论知识，但他们并非职业教育理论的研究者，因此其理论需要专业人士的客观评价。当职业教育理论研究滞后于实践，或与职业教育发展脱节，无法有效阐释实际问题时，他们会批评专业理论缺乏实用性。因此，非专业者对专业者的态度可说是又渴望赢得其认可，又困扰于欲进而未得的痛苦之中。此外，两者间的紧张关系还体现在新兴的职业教育理论与实践者所掌握和融入的经验、传统之间的冲突。作为职业教育理论的重要用户，实践者在努力掌握某一理论或受传统教育方法影响后，便很难接受教育理论的更新，因为这将带来习惯的改变和新增的投入成本。毕竟，“路径依赖”是最经济的行为方式。实践者内化的知识和传统与新的教育理论之间的冲突，是专业职业教育知识生产者和非专业职业教育知识生产者之间紧张关系的又一体现。职业教育课程改革中，一线专业课教师的惰性和迟缓充分表明了这一点。

第四节 现代职业教育理论的追求

任何被称为“理论”的概念框架都应当具备三个基本属性。

首先是历史兼容性，这意味着理论应该是人类认知历史的积累与结晶。它应该能够与过去的知识、经验和思想相契合，吸收并建立在前人的成果之上，为人类认知提供延续性和持久性。

其次是时代适应性，这意味着理论应该紧跟现实的脉搏，反映和应对当代社会、文化和科技的发展。它应该能够捕捉到时代的特色和变革，提供对当今世界的解释、指导和创新。

最后是逻辑连贯性，这意味着理论框架本身应该构建一个有机的概念发展系统。它的各个要素应相互联系、衔接，形成一个内部逻辑严密、推导清晰的整体。这样才能使理论具备内在的一致性和完整性，推动理论的深化和发展。

因此，在构建理论框架时，应当重视并思考这三个方面的问题，即历史兼容性、时代适应性和逻辑连贯性。只有以这些基本特性为指导，才能建立起有价值和影响力的理论体系。

一、历史感：寻求理论研究的精神家园

体系化、结构化的理论不能凭空而来，也不是既有理论观点的拼接，它来自对人类认识史的总结。恩格斯讲，黑格尔哲学的理论魅力在于它巨大的历史感。理论体系的建设应当首先掌握“一种建立在通晓思维的历史和成就的基础上的理论思维”[①]。以上语句强调了在建立职业教育学理论体系时要注重历史与逻辑的统一原则。尽管需要从抽象上升到具体，但如果忽略了对我国职业教育历史和成果的了解，所建立的体系只会变成教条式的拼凑，缺乏活力。我国职业教育源远流长，受到了儒家思想的影响，但也传承了与日常生活紧密相关的技术和技能。历史上形成了百工教育、学徒制等职业教育制度，也出现了与职业教育密切相关的经典著作。近代以来，黄炎培等人的贡献推动了我国职业教育实践与理论的发展，大量研究著作问世，这些人共同构成了职业教育学术共同体的“英雄谱”，为中国现代职业教育体系奠定了坚实的基础。通过研究文献、反思历史，以先辈们的著作为精神家园，才能建立真正的中国现代职业教育理论体系。

二、现实感：解决本土职业教育问题

职业教育理论研究应该具有现实感，而不仅仅是堆积统计数据和案例，或者是个人理性的优越感。这种现实感基于历史感，通过观察和理论建构来揭示现实。

在构建职业教育理论体系时，必须考虑到本土职业教育问题的特点，而不能简单地借用国外的理论。虽然要认识到全球性的现实性，但也要避免全球主义的影响，深入研究中国社会转型期的时代背景和中国的经验，促进中国职业教育理论的本土发展。

职业教育研究应该突破对“拿来主义”和“本土化”的束缚，摆脱前反思性接受的控制，独立构建自己的研究对象，形成本土生长的职业教育理论。为此，职业教育研究者应该与职业教育热点问题保持一定的距离，警惕行政官员、大众价值观及已有理论成果的影响。只有在这样的前提下，才能对中国职业教育的现实问题进行系统的理论建构，找到合理解释并解决突出问题，改变职业教育理论落后于实践的状况，并消除对体系的疑惑和学究式烦琐的反感。

---

① 中共中央马克思恩格斯列宁斯大林著作编译局．马克思恩格斯文集：9 [M]. 北京：人民出版社，2009.

三、逻辑感：建造成熟的现代理论体系

作为一门应用性较强的软科学，不仅职业教育理论体系存在的形式有多种，而且同一形式的理论体系也是多元的，但不管是何种意义上的职业教育理论体系，逻辑感应该都是“体系”存在的基础，因为离开了严密的逻辑推理任何体系都将成为“一盘散沙”，失去逻辑强大的征服力和说服力。从人的理性思考来说，范畴这个概念是早于逻辑概念而存在于人类思维中的，这就是说范畴思考先于逻辑思考，这在人类意识形成的深入讨论中应该得到公认的。人类意识的科学理论是思维提炼在反思感觉材料之后，形成多回路反思感觉材料网，然后经过大脑体系的加工，认识外部世界的。大量感知素材积累在人的大脑中，大脑能分析出事物的各种共通性，并提炼出一些后人称为范畴的思考统摄，如原因、结果、质量、好坏等；范畴是逻辑的“催生婆”，有了范畴，逻辑也就应运而生了。古希腊的理念集大成者柏拉图最先形成和论述了较成熟的范畴思维，而亚里士多德是集大成者，亚里士多德接受了柏拉图、苏格拉底和其他古代先哲的精华思想而最终将逻辑与范畴结合，形成形式逻辑，并提炼出了十个具体范畴加以详细展开论述。最终垫底的是概念，而知识全靠逻辑规范并形成学问，逻辑是思维的思维，是规律的规律。但是，范畴作为更加笼统的思维基础，需要更加细致入微的讨论与发展或理论展开。纵观逻辑的范畴演进，可以看出，范畴是辅助概念的形成的，范畴先于逻辑。由于历史发展的不平衡，以至于在人类思维能力上，逻辑较成熟，而在逻辑意义上更早的范畴思想就被落下来了。基于“逻辑—范畴—概念”的上述“逻辑”关系，中国现代职业教育体系应构建出由概念体系、范畴体系和逻辑体系这三个相互关联的体系构成的中国现代职业教育理论体系框架，以此来向黑格尔的《逻辑学》和马克思的《资本论》献礼。

第二章 国际视角下职业教育政策分析

本章主要讲国际视角下职业教育政策分析，主要介绍了国际组织层面下的职业教育政策、国外的职业教育政策分析、国内的职业教育政策分析、国际职业教育政策未来发展方向与启示四个方面。

第一节 国际组织层面下的职业教育政策

20 世纪 80 年代开始，世界政府治理理念和改革模式发生重大变化。政府之外的各种超国家组织与国际组织日益成为与政府同等重要的政策决策行为者。国际组织是一种跨越国界、通过国际合作以促进彼此利益和相互理解为目标的多国机构。目前已经成了“国际政治与国际关系领域的重要术语，在国际关系中确立了非国家行为主体的地位。”① 它具有一般性特征，即“国际交往与国际合作的高级形式，实现成员国利益的重要权力工具，具备相对稳定的价值、规范与组织形式的重要行为主体。”② 随着全球化的推进，国际组织在世界舞台上将会发挥着越来越重要作用，包括维护地区和平、促进共同发展、提供大量公共物品等。国际组织在全球治理中也有着显著的特征，即在管理中更多的是对软权力、软规则和软立法的运用。在有关教育方面的国家组织定义中，可以被理解为：“作为一种专门性的国际组织，是以国家教育合作为主要形式，依靠成员间的双边或者多边的合作活动来谋求符合共同教育利益的重要的教育组织、规范、协调与援助的行为主体。”③ 职业教育在各国经济社会发展中都扮演着重要角色，对国家治理起到重要的支撑作用，自然也是国际教育合作中的重要领域之一。

---

① 杨启光．国际教育组织及其对国家教育发展的影响论析 [J]. 西南大学学报（社会科学版），2012，38（6）54.

② 杨启光．全球教育政策转移比较研究 [M]. 杭州：浙江大学出版社，2013.

③ 杨启光．国际教育组织及其对国家教育发展的影响论析 [J]. 西南大学学报（社会科学版），201238（6）54.

一、联合国教科文组织职业教育政策分析

联合国教育、科学及文化组织（加下简称教科文组织）是一个国际组织，成立于 1945 年 11 月 16 日，旨在促进各国政府之间就教育、科学和文化问题进行讨论。自成立以来，教科文组织一直将职业教育视为促进教育发展的重要领域。近年来，教科文组织站在促进全球职业教育发展的角度，通过一系列行动建议、标准规范、国际会议、合作网络建设和公共出版物等方式推动职业教育走向合作、创新和可持续发展。

教科文组织通过总结各国的经验，以全球的视野探讨进一步发展职业教育的战略、政策和具体措施，为各国提供职业教育基本政策的框架和参考。教科文组织致力于促进职业教育在全球范围内的发展，为各国提供支持和指导，促进职业教育领域的合作与交流，并提供切实可行的发展方案，以提高职业教育的质量和影响力，为全球职业教育的可持续发展作出贡献。其关于职业教育的基本理念和关注领域如下。

第一，注重对人的思想道德的教育，培养文化知识与精神文明全面发展的、对社会建设有用的职能型人才。虽说职业教育注重实践技能的培养，侧重促进社会经济的发展，为社会输送技术与技能协同发展的人才，但其是教育体系中重要的一环这一角色没有发生转变，职业教育仍需发挥教育的思想道德的育人功能，在培养学生专业知识与技术的同时，也要注重对其思想道德品质的培养，以满足社会发展对人才的全面素质与能力的需要。如果只将自身局限于服务社会经济的发展，将育人目标局限于提升学生的知识水平，那么职业教育就失去了其育人的功能，培养出的人才更像是毫无感情的工具。正如教科文组织前总干事费德里科·马约尔（Federico Mayor）所说的那样："教育不仅仅是充分行使个人权利的先决条件，也是理解并尊重他人权利的先决条件。"①

第二，教科文组织对职业教育有着明确的界定和总结，它是"普通教育的一个组成部分，是准备进入某一就业领域以及有效加入职业界的一种手段，终身学习的一个方面以及成为负责任的公民的一种准备，有利于环境的可持续发展的一种手段，促进消除贫困的一种方法。"② 教科文组织采用了广义的职业教育观念，即技术和职业教育与培训，这反映了国际上对职业教育观念的演变。与过去相比，

① 雅克．哈拉克．投资于未来：确定发展中国家教育重点[M]．尤莉莉，徐贵平，译．北京：教育科学出版社，1993：45.

② 欧阳河．职业教育基本问题初探[J]．中国职业技术教育，2005（4）：19.

现在的职业教育观念已经不再与普通教育对立，也不再与培训相互分离。这种观念的转变使职业教育的含义具有明确的界定。

由于各国国情不同、文化传统各异、经济发展阶段不同等因素的影响，人们对职业教育的理解和定义也存在多样性。各国对职业教育的关注点和重点可能不同，职业教育的形式和内容也会因国家的特定需求而有所差异。

教科文组织通过提供相应的框架和指导，鼓励各国根据自身国情和发展需求，制定适合自己的职业教育政策和发展方向。这样可以确保职业教育在不同国家和地区都能够充分发挥作用，并为各国经济和社会的可持续发展提供支持。

第三，终身学习对职业教育具有必要性。终身学习是指个人在各个阶段不断学习、发展和更新自己的知识、技能和能力，以适应职业发展的需求。随着科技进步和社会变革的不断加速，职场要求和技能需求也在不断变化。传统的一次性职业教育无法满足人们在职业生涯中不断更新和适应新需求的要求。这就需要终身学习的理念和实践。

终身学习和终身教育对职业教育的影响主要体现在以下绝活哥方面。首先，终身学习使职业发展成为一个持续的过程，在漫长的职业生涯发展过程中，人们通过终身学习，不断迎接全新的挑战、面临重大的机遇。通过不断学习和进修，个人能够提升自己的技能水平，增加就业机会并提高职业竞争力。其次，终身学习使人们能够跟上技术创新和行业发展的步伐。当某些职业技能变得过时或不再适应市场需求时，重新学习和转型成为不可或缺的能力，这也是职业教育发展得更全面的体现。再次，终身学习帮助个人不断深化和扩展自己的专业知识。随着工作经验的积累，有时会发现自己对某个领域的知识需要更深入。通过终身学习，个人可以不断追求专业发展和专业成长。最后，终身学习培养了个人的创造力、批判性思维和问题解决能力。这些能力对于适应变化和应对复杂的工作环境至关重要。

终身学习为个人提供了灵活性和适应性，使得他们能够更好地应对职业和经济环境的变化。对机构和社会而言，终身学习也促进了人力资源的培养和管理，提高了劳动力的素质和就业能力，促进了社会的发展和进步。因此，终身学习对于职业教育来说是必不可少的。教科文组织认为，职业教育在实现终身教育目标的过程中扮演着重要角色。2001 年，教科文组织和国际劳工组织（ILO）共同发布了《关于技术和职业教育的修订建议》，建议采取包容态度，开放学习机会，提供灵活多样的课程和学习方式，确保每个人都有平等的学习机会。职业教育应注重实践中所需的知识和技能，以提高学习的针对性和实效性。为实现就业和个人全面发展，普通教育和职业教育应相互结合，注重技能培养和终身学习，为人才成长搭建桥梁。[①]

第四，职业教育能充分发挥其公益性的特点，为所有人提供优质服务。特别是对相对劣势群体，在知识、资源、天赋、能力和社会联系方面较弱的人群，需要得到关注和援助。职业教育还在加强社会凝聚力、提升社会融合效果方面扮演重要角色。这有助于促进社会公正，尊重每个人的价值，实现全面服务的职业教育理念。

第五，注重多个利益相关者之间的合作伙伴关系。利益均享、共同受益助推相关各方齐心协力去有效实施职业教育项目，能够充分满足经济社会发展和外部劳动力市场的变化及需求。“政府（主要责任）、企业、社会合作伙伴以及个人应当共同承担责任。一个强有力的社会对话机制将支撑一个更为成功的职业教育体系。”[②]职业教育向社会输送拥有各个领域与行业的职业技术与知识的综合性人才，以促进社会经济、政治与文化的全面发展。在这一过程中，所有参与职业教育的人员、群体或单位都对职业教育的发展产生不同的影响，只有职业教育的参与者积极合作，将各方的工作完成，发挥各自单位的优势，才能促进职业教育流程的完善。政府部门需要制定职业教育相关政策与策略，严格把控职业教育发展的趋势与方向，扮演好职业教育发展的监管者的角色。职业教育相关企业与单位应该顺应时代发展趋势，积极创新职业教育模式，探索职业教育的培养全面发展的人才的目标与经济效益的平衡点，促进职业教育的长久发展。职业教育的受教育者也要积极探索个人的兴趣爱好与性格特点，找到适合自己、符合社会经济发展要求的职业发展方向，充分利用职业教育发展的平台，将个人接受的职业教育与社会岗位接轨，提高职业教育的创业就业率，提高大众对职业教育的认可度，从而提升自己在社会发展中的地位。

第六，积极倡导创业教育理念。创业教育的意义在于提供创业者所需的知识、技能和资源，帮助他们在创业过程中更加成功和有成效。职业教育过程中向学生灌输创业理念，可以培养学生的创新精神，激发学生的创新思维和创业意识，鼓励他们发现问题并提供解决方案。这种创新精神对于个人的成功和社会的发展至关重要。创业教育提供了创业所需的专业知识和实践技能，包括市场营销、财务管理、业务运营等。这将帮助创业者更好地理解和应对创业中的挑战。创业教育

① 姜大源．当代世界职业教育发展趋势研究[M]．北京：电子工业出版社，2012：475．

② 本刊编辑部，李玉静，陈衍．为了可持续发展与工作世界的教育．UNESCO职教思想与发展战略报告[J]，职业技术教育，2012，33（6）：34．

注重培养学生的团队合作和领导能力，帮助他们学会与他人合作、协调资源、管理团队，并取得共同的目标。创业教育可以鼓励学生发掘和创造创业机会，在经济中创造就业机会和经济增长。创业者的创新和创造力对于社会经济的发展具有积极影响。创业教育强调个人的自主创业能力和个人发展，帮助学生发现自己的潜力、兴趣和目标，并为实现自己的创业梦想做好准备。

创业教育的意义在于培养学生的创业精神和创新能力，提供必要的知识和技能，培养领导能力，促进经济增长和个人发展。它对于个人的创业成功和社会的可持续发展都具有重要作用。

第七，促进职业教育与高等教育更深入地融合。高等教育培养的学生可能实践经验与技术能力相对薄弱，真正接触社会企业的机会较少，将职业教育与高等教育相结合，让高等教育培养出的人才在掌握理论知识的同时，在社会的企业中体验真实工作场景，从而更好地适应不停变化的社会，培养自己的全面发展的能力，使自身的知识与实践技能均衡，更加符合社会经济发展对人才的全面素质的要求。为了满足社会对学生的知识与实践能力的要求，职业教育和高等教育应积极探索两者有机融合的方式，高等教育应当将职业教育中的实践能力培养体系与方案中的优势融入自己的教育体系中，以促进学生对实践技能的掌握，职业教育也应该借鉴高等教育的理论知识传授体系，让职业教育培养出的人才可以将理论知识与实践技能集于一身，全面提升自身的素质与能力。学生们的学习不应限于学术范围，而应懂得从工作中获得智慧，将周围发生的事视为宝贵的学习资源，并随时加以利用。他们应培养善于观察、分析、思考和解决问题的思维习惯，提高解决现实问题的实际能力。这将在他们未来走向社会实践时应对各种实际情况至关重要，通过努力学习和吸收，他们将增强社会适应能力。这种广泛学习的方法可以使学生们更具实践能力和综合素养，使他们在面对实际问题时能够灵活应对、富有创造性地解决。此外，在工作场所中学习还有助于学生们与真实的社会环境相连，了解不同行业的实践经验，知晓各种职业领域的需求和挑战。他们将接触到各种实际情况和工作场景，从中学习如何与人合作、沟通和协调，同时也会面临各种挑战，如时间管理、决策、解决问题等。通过与实际情况的接触和学习，学生们可以更好地理解自己的兴趣和职业发展方向，并为未来的职业生涯做好准备。扩展学生学习范围至工作场所，将周围发生的事物作为宝贵的学习资源，培养学生们思维习惯和实际问题解决能力，将对他们未来的社会实践和职业生涯产生积极影响。这种学习方式可以使他们更好地适应社会环境，提升个人发展和成功的潜力。由此可以得知，未来职业教育和高等教育将更多地相互融合和互通。

高等教育将增加更多的职业化因素，注重培养学生的实践能力和职业素养。通过让学生学习实践或职业学科，提供职业指导和实地观摩，可以使他们对自己的定位和认识更加清晰。在走向社会的过程中，学生们会变得更加理性、务实和冷静，不会追求过高的目标而忽视实际情况，实现从“学校人”到“职业人”的平滑过渡。所学的知识与所需、所用的知识将实现无缝对接。

因此，需要建立一个能够反映教育资格结构和劳动力市场职业结构之间良性互动关系的框架。这将促进高等教育与职业教育之间的有序协调和紧密配合，将两者的优势进行融合，以促进毕业生的长期、健康发展。教育机构应重视与行业部门的合作，确保教育内容与职业需求相匹配，并提供实践机会和职业指导，使学生能够在毕业后顺利就业并适应职场挑战。

总之，未来的教育应以职业教育和高等教育的融合为导向，注重实践能力和职业素养的培养，为学生未来的职业发展奠定坚实的基础。这种融合将有助于提高教育教学的质量和实效，使学生能够更好地适应职场需求，实现个人和社会的长远发展。

教科文组织职业教育政策的主要内容如下。

第一，职业教育是普通教育的一部分，协助人们获得就业、生存和发展的能力，需要与普通教育相互影响并在专业化发展中互动。为消除教育、职业、学校和社会之间的障碍，需要建立灵活、开放的教育机构。职业教育应将总结工作经验纳入学习，并满足长期职业发展的需求，培养人们洞悉技术变革、了解职业演变、追求个人价值和成为负责任公民的基础。为实现不同教育类型和层次之间的有机衔接和联系，应相互承认资质，并在保持各自特色的同时实现有机融合。

第二，政府应积极探索职业教育中利益相关单位、群体的共同利益的发展方向，做好职业教育市场的监管角色，协调好职业教育发展过程中各群体与部门之间的关系，不断完善职业教育体系与机制。与职业教育相关单位与企业建立顺畅的交流通道，在职业教育参与群体的共同努力、团结合作下，建立职业教育发展的利益共同体。在建立利益共同体的过程中，政府可以采取以下措施。

（1）促进与利益相关单位和企业之间的合作。政府可以积极与企业开展合作，例如建立实习和培训项目，提供资金支持和税收优惠等激励措施，以鼓励企业参与职业教育的发展。

（2）倡导利益相关单位和群体之间的合作。政府可以组织行业交流会议、研讨会和论坛，为利益相关单位和群体提供一个平台，促进他们之间的交流与合作，从而形成共同的利益共识。

（3）强化职业教育市场监管。政府应该加强对职业教育市场的监管，建立健全的监管机制和规章制度，确保职业教育领域的公平竞争和规范运作。

（4）支持职业教育的改革与创新。政府可以提供资金和政策支持，鼓励职业教育机构和教师进行教学改革与创新，推动职业教育与产业需求的紧密对接。

（5）加强社会各方面的参与。政府可以鼓励社会各界参与职业教育的发展，例如邀请专家学者参与政策制定和评估，建立职业教育咨询委员会等机构，真正实现多方面参与、共同推进的发展格局。

通过以上措施的实施，政府可以与利益相关单位和群体建立起紧密的合作关系，形成利益共同体，共同推动职业教育的发展，提升职业教育的质量和效益。

第三，价值观教育在职业教育中扮演着重要的角色。职业教育不仅要传授技术和技能，更重要的是培养学生正确的价值观和道德观念。价值观教育不仅关乎学生的个人素质和发展，对于社会的和谐稳定和可持续发展也具有重要意义。

首先，价值观教育有助于塑造学生的正确人生观和职业道德。在职业教育中，学生将来要走入社会，担当起社会的责任和角色。正确的人生观和职业道德能够引导学生以积极的态度对待工作和生活，树立正确的职业操守和为人处世的准则，培养出优秀的职业素养和良好的职业道德，提高他们在职场上的竞争力和适应能力。

其次，价值观教育有助于促进职业发展与社会责任的平衡。在职业教育过程中，学生需要明确自己的职业目标和价值取向，并能够将自己的职业发展与社会责任相结合。价值观教育可以培养学生的社会责任感和公民意识，让他们意识到自己在职业发展中的影响力和责任，推动他们在职业发展中积极为社会作贡献。

最后，价值观教育还有助于培养学生的道德品质和社会行为规范。职业教育不仅要培养学生的专业能力，还要注重培养他们的道德品质和社会行为规范。通过价值观教育，可以引导学生形成正确的道德观念，以诚实、守信、敬业、合作等为基本原则，培养学生的团队合作精神和正义感，使他们能够在工作和生活中遵守社会准则，做到道德和职业的双赢。

综上所述，价值观教育在职业教育中具有重要的作用和意义。它不仅是培养学生综合素质和发展个人能力的关键，也是构建和谐社会、促进可持续发展的基础。因此，职业教育应注重价值观教育的融入，通过全面培养学生的道德观念、职业道德和社会责任感，为他们的成功职业发展和社会责任承担奠定坚实基础。

1996年雅克·德洛尔（Jacques Delors）在《教育：财富蕴藏其中》报告中简洁地概括出职教发展的共同价值观：“学会认知、学会做事、学会生存、学会共处。”[①] 正如德洛尔报告所述，会做事是一个人能力的重要体现，而能力“是每个人特有的一种混合物，它把通过技术和职业培训获得的严格意义上的资格、社会行为、协作能力、首创精神和冒险精神结合在一起。”[②]

二、世界银行职业教育政策分析

世界银行即世界银行集团，是联合国的一个专门机构，其建立的初始目标是改善第二次世界大战后的被迫害国家的建设情况。世界银行的政策导向随着世界的发展风向而不断变化，战后初期，世界银行以资助为主，旨在帮助处在战争迫害状况中的国家突破贫困的境地，当该国家开始正常运转后，则开始将政策的重心转移到对各个产业的帮助，此举是为了帮助各个国家尽快获得经济效益，获得更多的建设资金，而在经济水平不断提升、科技生产力不断发展的今天，各个国家展现出空前的对拥有全面素质的人才的渴求，为了促进人才的全面素质的发展，世界银行开始重视对教育领域的资金的投入，这其中自然也包括了职业教育。

第一个阶段，20 世纪 60 到 70 年代，职业教育发展以促进经济为导向。世界银行将劳动力作为核心资本，重视职业技术教育，注重课程针对性和技术、农业、商业等领域的发展。世界银行职业教育政策以劳动力提升和就业创造为目标，投资职业技术学校和转变学术课程为实施行动。特别是在 1974 年的《教育工作文件》中，世界银行强调了将教育内容重新定向为满足就业所需的技能，以确保毕业生能够成功就业。对职业技术学校和中心的重视，以及将学术性学校课程转变为职业化的努力，显示了实现这一导向的努力。[③] 在最初的 20 年里，世界银行一直保持一致的职业教育政策，大力资助国家的职业教育，对人才的支持在许多国家的整体发展中发挥了重要作用。

第二个阶段，20 世纪 70 年代末到 90 年代初，全面综合地考虑职业教育过程中的要素，根据实际教育过程产生的经济效益，以及人才的知识与技能的获取情况，综合判断对职业教育的资金投入量。1978 年世界银行教育外部顾问专门小组发布一份报告，对该组织教育政策进行了深入分析，该报告认为，应该全面考察接受职业教育后的员工在各个层面的表现，不能只考虑其工作技能或工作水平的

① 和震．联合国教科文组织的职业教育政策研究[J]. 中国职业技术教育，2012（6）：28.

② 谭国平．“四个学会”理念下的职业教育及人才培养模式：从“冰山模型”解构职教课程体系的基本框架[C]// 中国职工教育和职业培训协会．中国职协 2013 年度优秀科研成果获奖论文集（上册）．北京：教育科学出版社，2013.

③ 和震，世界银行职业教育政策的演变[J]. 清华大学教育研究，2010，31（1）：66.

高低，还应综合考虑其人格品质和在工作过程中表现出的精神，这对于其能否长期坚守工作岗位、深耕工作内容有着决定性的影响。[①] 世界银行集团一直在支持发展中国家的职业教育，他们对职业教育评价体系的灵活性和发展潜力有一定的关注。世界银行集团对职业教育政策资助的变化趋势是从传统的以学科知识为基础的教育模式转向注重实践技能和灵活性的培训模式，同时强调质量保障和与私人部门的合作。这些变化旨在帮助发展中国家更好地适应快速变化的劳动力市场需求，促进经济增长和社会发展。

第三阶段，20 世纪 90 年代至今，开始将扶持政策更多地转向校外的职业培训，世界银行发布的关于职业技术培训的文件中表示：在进行职业技能培训前，需要接受适当的普适性教育，如基础教育和中等教育，而对于达到社会上岗位要求的技能水平来说，高等学术教育的帮助其实是微乎其微的。[②] 同时该文件还希望职业教育的资源可以向在职培训等领域倾斜，这样可以将接受职业教育的学生与其未来的工作岗位之间的距离缩短，更好地满足社会对职业技能型人才的需求。同时，世界银行大幅减少了对职业教育的资助资金，将更多的资金投入企业的在职培训，这对于职业培训的发展非常不利。职业教育对劳动力市场提供的职前准备和员工培训至关重要，但世界银行运作方式未考虑国家差异，导致发展中国家面临两难选择：职业教育以人力规划还是市场需求为出发点、由政府还是市场主导、正规学校教育还是企业培训的重心，如 1998 年世界银行对我国政府的政策建议偏离实际，导致职业教育规模大幅下降。

世界银行虽具有一定的公益性质，在战后时期也为战损国家提供了一定的资助，但其本质仍是保障其组成成员国的利益，其施行的政策并不完全适用于我国，我国需根据自己的职业教育的实际发展情况，综合考察整体人才的职业技能水平与各个水平的人数比例，制定符合我国国情的职业教育相关政策，保障职业教育政策的全面性和可持续性。要时刻牢记我国正处于并将长期处于社会主义建设的初级阶段，尚且属于发展中国家，不能直接照搬那些已经完成工业化的经济社会对职业培训人才的需求。我国发展中等职业教育对于满足就业需求、填补技能短缺、促进社会平等以及拓宽职业发展路径都具有重要的必要性。它是建设人力资源强国和推动经济可持续发展的关键举措之一。世界银行在职业教育政策中的局限性主要体现在过度市场导向、忽视国家特定性、过度强调评估指标及偏重学科

① 和震，世界银行职业教育政策的演变[J]. 清华大学教育研究，2010，31（1）：68.

② 和震，世界银行职业教育政策的演变[J]. 清华大学教育研究，2010，31（1）：68.

知识等方面。因此我国相关学者对世界银行的标准化政策有如下评价："世界银行对全球经济的治理，不如说是在为现在的国际经济格局保驾护航，而这个现存的格局本质上是对发展中国家极端不利的。"①

三、国际劳工组织职业培训政策分析

1919 年，根据《凡尔赛条约》，国际劳工组织（ILO）成立，它是联合国的专门机构，旨在促进社会公正和劳工权益保护。它通过促进充分就业和生活水平提高、劳资合作、加强社会保障、保护职业安全与卫生、争取世界和平和维护社会正义来实现这一目标。ILO 采用三方性原则，即政府、雇主组织和工人组织代表组成成员国代表团，在会议中享有平等独立的发言和表决权。同时该组织还倡导职业教育政策的制定需要符合不同国家的基本国情。

国际劳工组织有着系统健全的职业培训政策框架和丰富内容，具体包含以下几个方面。

一是鼓励创新国家的培训制度。根据社会发展的特点，该组织认为，一个国家抓住机遇，降低技术变革所需的社会代价，并向更加开放的经济模式转型的成功与否，取决于该国家的人口受教育和培训的水平。无论是发达国家还是新兴国家，都清楚地认识到，随着经济全球化的不断深入，技术创新和变革以及工作组织形式的更新，对各类人才的需求标准都会有所变化和提高。因此，需要建立与之相适应的培训机构和制度，以提供更多优质服务，使职工能够不断获得可持续发展的能力，为经济社会发展提供内生的动力，成为在全球竞争中取得优势的关键。该组织对国际上典型的三类培训制度进行了比较和分析，并提出要因地制宜地建立符合本国实际的培训制度。

其中，合作式培训制度主要在德国、瑞士等国家出现。该制度依赖于雇主组织、国家和工会之间的高度合作，以适应高技能高附加值生产的需要，并与劳动力市场有机地联系在一起，有助于形成稳定的劳资关系、减少员工跳槽现象。然而，该制度缺乏灵活性，尤其是在适应变化、学习新技能，以及适应新兴和调整后的工业部门需求方面较为困难。因此，在培训中需要增加针对性、提高整体协作能力和提升信息技术运用水平等内容。

企业为主的培训制度代表着不同的模式。日本的制度是劳动力稳定型制度，主要由雇主提供培训来拓展员工的技能。该制度的优点是速度快、能力强、费用

① 张贵洪．国际组织与国际关系 [M]．杭州：浙江大学出社，2004.

低、员工忠诚度高，但缺点是人才流动性不强。英、美的制度则是自愿性的制度，企业或劳动者对参加培训和培训内容没有硬性规定，灵活性较强，但也可能存在较大的随意性。此外，该制度在新技术吸收和引进速度方面缺乏全国范围内的整体规划。

政府在培训制度中担起主导作用，在资源短缺的情况下，通过建立现代公共培训制度来加快推进大众化教育，以适应经济结构的优化升级和变化。然而，该制度的不足之处在于方法较为僵化，难以满足个性化需求和具有创新精神员工的要求。解决之道是在整体性培训计划中增加多样性，以满足不同人群的实际需求。

以东欧国家和发展中国家为代表的是国家供给导向型制度。国家供给导向型培训制度在提供专业化培训和就业稳定方面具有优势，但由于缺乏灵活性和市场适应性差，可能存在一定的局限性。因此，在设计和实施国家供给导向型制度时，需要综合考虑市场需求、个体差异和政府规划的权衡，以确保培训制度能够更好地适应变化的就业和技术环境。针对以上三种较为典型的培训制度，国际劳工组织提出："世界上没有一种理想的培训制度。"① 由于经济发展与文化方面的差异，不同国家与不同地区即使在相同或相似的制度下，其表现结果也可能不尽相同。

不同国家相同的培训制度共性在于强调知识传授和技能培养。共性之一是注重基础教育，培养学生的基本素质和批判性思维能力。此外，教育系统普遍关注学生的全面发展，包括语言、数学、科学、社会科学和艺术等领域。相同的制度也强调实践教学，通过实践课程和实习来提高学生的实际能力和应用技能。另外，各国都注重评估学生的学习成果，采用考试、作业、论文等形式进行评定。最重要的是，这些制度都为学生提供了平等的机会和教育资源，努力实现教育的公平性。虽然国家之间的培训制度可能存在一些差异，但它们的共性为培养学生的全面发展和提供平等的机会奠定了基础。

二是提倡政府和相关利益方共同分担职业教育和培训职责，提倡国家与私有部门合作。开展政府与私有部门职业教育和培训的紧密合作，主要有几个方面的原因：财政危机，造成公共资金严重短缺，不足以满足日益增长的培训的需要；市场经济的发展，以及对私有部门在提高技术水平中作用的认识不断加深；技术进步、技能更新带来了终身的继续培训的要求，以及改革就业前培训体系的要求；公有部门的职业教育与培训机构对劳动市场的新要求难以做出快速反应。因此政府需要充分考虑到各个有关利益方在应对培训市场变化的优势，寻找到各方利益

① 国际劳动局．世界就业报告：1998—1999 年 [M]. 北京：中国劳动社会保障出版社，2000：70.

的契合点，找到各自所需和所求，使公有和私有部门权益者协同发挥作用，为达到这一目的，政府可参照以下标准。

第一，国家需要照顾到那些处于相对弱势地位人群的基本生存问题。“主要关注向非就业人群、第一次求职者、失业者和不利人群提供培训”①，便于社会整合，提高社会凝聚力、向心力。同时，国家还可以组织开展有关公有部门的紧密协作，联合各个有关部门做出更为长远的培训计划和安排，争取在确保社会公平和培训实效性之间保持基本的平衡态势。政府作为公有部门的代表，需要充分利用好经济发展、就业机会增加的好时机，尽一切可能去创造有利于企业发展的外部环境，在具体激励性举措方面，提高企业参与培训的动力和有效性。

第二，充分尊重企业的权益诉求。企业是市场经济中的重要独立主体，受市场变化带来的影响，能够很快作出调整，根据市场产品研发变化的需要，从深挖自身潜质入手，对员工进行适应市场变化所需要的新技能培训，确保员工素质能够与产品创新的速度和相互匹配。从宏观层面来看，企业对职工技能开发的考虑还是比较短期的，不系统，并不太注意增强个人更广泛的适应性和转换性，没有能力去进行对社会经济发展有着长远战略意义的培训，只要能够满足本企业增强生产力、提高产品和服务质量，在市场中博取更大份额，利于企业长远生存和发展的需要就可以，他们只是对国家层面办的职业教育和培训所缺少的那部分技能下功夫，不会顾及失业者、自主就业者。总体看，企业出于对自身生存发展方面的长远考虑，是愿意在人力资本提升方面进行投入和参与的，只要企业参与的力度和范围越大，就越有可能去补上国家无力关注和考虑到的方面，这样与国家层面的职业培训就可以形成互补性。由于市场经济的不完善，市场缺少有效的经济杠杆去激励个人和企业向培训投资，完全依靠市场驱动不能带来公平。因此，需要出台有效的政策，激励和引导企业及时参与到培训中，发挥其自身的信息和资源优势。

第三，雇主组织、行业协会等组织的重要作用主要体现在对企业培训措施和后续管理进行必要的监督，对其持续不断产生影响，督促企业从战略高度重视对员工继续培训的稳定投入，激励更多的企业去着眼于自身的长期发展而努力营造好学习型企业，为产品的研发创新创造良好的条件和环境。

第四，充分发挥非营利志愿部门的优势，及时有效地为处于边远地区的最贫困、最不利的人群提供职业培训，而这些地区和需要帮扶的人群又不是政府公共

① 和震．国际劳工组织的职业培训政策：框架、特征与问题[J]．现代远程教育研究，2010（4）：16．

部门和企业培训所能够有效覆盖到位的。就需要给予这些公益性的志愿部门或组织以明确的激励政策和措施来支持他们，提升社会影响力，提高培训实效性。

第五，劳动者组织最知晓员工的实际需求，可以富有针对性地为劳动者提供宽基础、可迁移的技能，使其不断加强自身学习的动力和兴趣，抱着对个人、对企业、对未来长远职业发展的眼光来看待自己。同时，劳动者组织还可以充分发挥公益性作用，向正规就业系统之外的人群，如失业者、自主就业者等给予有效的支持和帮助。

第六，劳动者和受培训人员是最大的切身利益受益者。他们通过接受系统的、富有针对性的技能培训，可以有效提升适应社会、投身社会的技能，同时也可以为自己创造更好的生存和发展空间，与自己切身利益息息相关，自然会积极投入其中，在培训和投入中扮演很重要的角色。

三是体现培训的公平性，降低社会排斥发生的概率。随着全球经济增长乏力，有许多国家就业环境很不稳定，失业者有可能还要增长和扩大。因此，国际劳工组织建议，随着全球化、技术变化和工作组织方式的变化，低技术人员的就业前景将更是不容乐观，为了有效避免出现劳动力市场排斥现象，应当有针对性地提高弱势群体的教育和培训水平，提高他们有效融入社会的能力。在国家层面，需要推出宏观经济政策，有利于经济增长，同时，出台各种相互支持性的促进就业的措施，这样才可以使各种培训计划更为有效。在培训方面，要走出以正规部门需要为基础的过场式培训的弊端，真正重视非正规部门的培训需求，比如真正重视学徒制，弘扬该制度的传统优势，把它作为技术传授的必要手段：把中学教育和学徒培训紧密联系起来，在中小微型企业大力开展学徒培训制度，做好传、帮、带的工作等。

四是凸显就业能力提升的核心目标。世界正在进入知识经济时代，各种新兴科技在快速地改变我们日常生活的环境，同时也在影响着人们的思维、习惯和生活方式。新生事物层出不穷，就要求人们具备可持续发展的学习能力，提高就业适应力。对个体劳动者而言，提高就业能力学习就意味着需要保持终身学习的状态，以便能够获取柔性技能，开发寻求就业、保持就业和变更就业的能力或者自主创业的能力，以增强自身发展的流动性。对企业而言，可就业能力是企业提升自身竞争力的核心要素之一，员工素质不断提升，才可以适应工作岗位对员工综合素养和技能的新要求，不断增强企业的竞争力。对国家而言，造就一支能够随着形势发展而不断提升自身素质、具有很强应变能力的劳动力队伍，这是实现民众充分就业的关键因素，也是国家能够实现长治久安的宝贵财富。在当下和今后很长一段时间内，就业能力的提高主要取决于提高从一个岗位转到另一岗位，或从一个企业转到另一个企业的核心能力，而不是只靠提高某一岗位的技能。它需要有扎实的教育基础和宽口径的专业基础培训，在此基础上，一个人才能终身接受继续培训。实际工作中，增强就业能力的核心知识、技能和态度归纳为：智力能力；处事和处理人际关系的能力；经营和业的能力；基础能力领域中的多向性技术能力等。在工业化发展迅速的国家，提倡新的培训模式，在这种新兴的培训模式中，强调职业教育和培训体制与市场需求的联系；强调充分利用现有资源扩大培训技术工人的数量与质量，实现培训机会的全民性、平等性，照顾弱势群体；重视与私有部门的联系，发挥公有部门和私有部门各自相对的优势，形成一种社会氛围和集体力量，提高效益、效率和平等。这些政策都明确指明了今后国际劳工组织的工作重点和方向，为更好地发挥其应有的作用打好了理论基础。

第二节　国外的职业教育政策分析

一、美国职业教育政策分析

美国职业教育政策是不可或缺的公共政策组成部分，紧密联系着全美国范围内的教育管理架构。在美国的教育体系中，权力分散是一个明显的特征。根据美国的体制，教育管理权被分散给联邦政府、州政府和地方政府。联邦政府在教育政策制定和发展方面发挥着重要作用，例如制定教育法案、提供联邦拨款及推动教育改革等。州政府负责制定和执行各自州的教育政策，并负责监管和评估教育机构的质量。大部分的教育权力被下放到地方教育委员会，它们直接管理当地的学区，负责制定课程标准、雇佣教师、管理学校预算等。美国的职业教育也是由联邦、州政府和地方政府共同控制的一种教育形式。在联邦教育部的职业与成人教育部门中，一名部长助理负责监督所有职业与成人教育办公室运营。每个州的职业教育委员会都有责任制定和监督与职业教育有关的指导方针和政策。尽管州职业教育委员会受州教育委员会管辖，但它的领导直接受州教育总长管理。在对美国职业教育的历史进行梳理的过程中，不难发现，美国政府在不同的历史阶段，都会根据社会的需求，适时地颁布一些与职业教育相关的法律法规，并以法律的方式促进其良性发展。

（一）二战前的美国职教政策

自 18 世纪末，美国开始向以棉纺织业为核心的工业化方向发展，直至 1860 年初，基本完成了工业化进程。尽管如此，由于工厂制造业的兴起，对于掌握机械工艺技能和专业知识的人才的需求显著增加。美国的高等教育曾经有看不起实用技能的观念，这种观念让人们对职业技术教育的重要性认识不足，从而成为制约美国工业革命发展的重要障碍。这个难题造成了农业领域中专业技术人员的短缺，对推广农业技术和发展农业机械化造成了负面影响。此外，还给美国的工业化进程带来了负面影响。立志培养工农业领域技术人才，美国政府迅速采用立法之策，积极推进职业教育。1862 年起，一系列法案先后出台，其中包括了《摩利尔法案》（有时也叫《土地赠予法案》）。该法案促进设立赠地学院，要求分配一定比例的国有土地给各州，用于建立农工学院，传授与农业和机械工业相关的知识，要求在五年内至少成立一所这样的学院，并保持其运营。除此之外，为了加速赠地学院的发展并培养满足产业界需求的技术人才，联邦政府多次拨款予以支持。这促使职业教育在美国高等教育中扮演着重要角色，并促进美国高等职业教育的初步发展。这种教学模式不再奉行欧洲传统的教育方式，而更加注重实际的知识和技能，致力于培养大量的专业技术人才，以支持美国的工农业生产。这有效地促进了农业技术教育的进展。在 19 世纪 60 年代，社会接收了许多高技能人才。在 20 世纪之后，美国的工业化进程迅速发展，特别是机器工业，因为大量熟练技工，使得企业变得更加强大。这也引起了人们对职业教育必要性的更高度关注，并且认为应该将教育与企业和经济需求紧密结合起来。1917 年，美国国会通过了《史密斯－休斯法》。“这项法案是美国中等职业教育制度化的划时代的立法。”① 该法案最重要的规定包括：①设立联邦职业教育委员会。除了进行研究外，委员会还会提供报告，以协助各州政府开设职业学校和职业班，为学生提供全面的培训，其中包括但不局限于农业、工业、商业和家政等四个领域。②联邦政府与各州合作，共同推动各行各业的专业人才培训，包括但不限于农业、工业、商业和家政等领域，并提供资金支持以促进职业教育教师的培训。③提供财政支持来支持各州开展职业教育的发展。④为了将传统的单一培养升学人才的普通中学转化为既能提高学生升学水平，同时也能为其就业打下基础的综合中学。这项措施包括在公立中学开设职业科目和设置可供学生选择的职业课程。扩大职业教育的覆盖面，将目标群体拓展至 14 岁以上的青少年。美国职业教育的发展得益于

① 张建党．美国职业教育立法与职业教育 [D]．保定：河北大学，2004．

《史密斯－休斯法》，该法规推动美国职业教育的不断改进和加强。这项法案为美国联邦政府首次立法提供了职业教育发展的财政支持，对今后的职业教育发展打下了坚实基础。它被认为是开启联邦资助职业教育的先驱，促进美国职业教育实现了综合性计划，推进了职业教育的进一步发展。

（二）二战后的美国职教政策

二战之后，美国经济开始加速发展，社会制度也逐渐完善，职业教育的政策也进行了修改和完善，随着美国经济社会的发展，二战后的职业教育政策经历了调整和完善，并逐步进入现代化阶段。在二战接近尾声之际，美国需要解决 1050 万即将回国的军人的就业问题。因此，在 1945 年，美国制定了《退伍军人就业法》（Veterans Employment Opportunity Act）以应对这一问题。这项法案要求联邦政府雇主优先考虑退伍军人，并提供必要的培训和支持，以帮助他们顺利过渡到民用工作领域。此外，该法案还推动了退伍军人就业服务机构的建立和发展，以提供特定的职业指导和就业援助。通过《退伍军人就业法》，退伍军人的就业机会得到了增加，他们在军队期间获得的技能和经验也更好地转化为民用职业的优势。这也有助于培养和吸引更多的科技人才，加速了高等教育在美国的发展。退伍军人在科技领域的才能得到更好的发掘和应用，为技术创新和经济增长做出了重要贡献。同时，这也增加了退伍军人接受高等教育的动力和机会，为他们的个人发展和职业晋升提供了支持。

20 世纪六七十年代的美国，全民教育和终身教育等教育理念开始兴起。职业教育在这些理念的影响下，发生了巨大的改变，开始追求教育的公正性和公平性，将为每个公民提供机会、确保他们有平等的学习和发展机会，终身学习的理念也开始得到重视。在 20 世纪 50 到 60 年代，随着美国经济迈入繁荣时期，我们也看到了一些焦点问题不断浮现，如两极分化的现象，高失业率的出现，以及民权运动的兴起。这些问题引发了人们的深入思考和反思。随着战后美国“婴儿潮一代”步入职场，政府和社会开始意识到劳动力资源的重要性，逐渐加大了对劳动力的培养和开发力度，因此职业教育的地位和作用也日益凸显。在这个时期，人们意识到个人的天赋和技能成为收入来源。人们开始探讨传统教育和职业教育的差异，并反思两者之间不一致的原因。问题的根源在于两个方面：一是针对劳动力市场变化的认知不够充分，缺乏彻底的理解；二是对各种人才需求的认知度不足，导致信息不匹配和矛盾。高中阶段的学生与实际生产活动之间存在脱节，致使他们难以融入劳动世界。尽管职业教育的目标是为学生未来的就业做好准备，但它的实施在一定程度上给学生的就业带来了一些挑战。大概有一半的高中毕业生没有必要的技能，因此无法承担进一步教育所需的费用。此外，职业教育还存在社会认可度不足的困境。在高中阶段，一些学生看不起职业教育课程，因此许多人选择不修读。一方面需要培养高水准的人才以保证经济快速发展，另一方面也需要采取及时的救济措施来保障处于劣势地位的群体以确保社会的稳定与发展。青年失业率的持续上升，使得美国政界人士开始对职业教育重视，也使得人们对于职业教育的认识发生了变化。《职业教育法》是美国在二战后实施的最为重要的职业教育立法。此立法的用途在于确保社区中每个人都可以根据自己的兴趣、需要和能力受到高质量的职业教育或培训。该立法旨在实现多样化目标，其中之一是通过联邦拨款向各州提供支持，以促进州内职业教育计划的增加、改进和完善。同时，该计划还为需要通过兼职工作维持自己的全职培训的年轻人提供了机会。这项法案的意义在于，它打破了过去只满足工业雇佣需求而忽视个人发展需求的职业教育模式。这项法案第一次为职业教育研究提供了经费支持，并且成立了全国职业教育咨询委员会（NACVE），以监测全美国职业教育的变革，根据各地的需求来分配拨款。

在20世纪80年代，美国的职业教育经历了一些重要的转变。①关注职业教育的质量意味着更加注重培养学生实际技能和知识，以使他们能够适应日益复杂和多元化的工作环境。②追求职业教育的效率意味着更好地利用资源，以提供更高效、更经济的教育和培训方案。③关注职业教育的有效性意味着确保教育的成果符合社会和个人的期望，并能够产生实质性的影响。那时，美国正处在第三次工业革命的重要时期中，经济正处在一个关键的转折点，里根总统为迎接新一轮的科技革命、重振美国的国际竞争能力、发展美国工业，制定了一套振兴经济方案，并对职业教育有了新的需求。美国政府于1982年再次通过了《职业训练合作法》，以适应职业教育新的发展。《职业训练合作法》提出的两项具有革新意义的职业训练措施旨在加强与企业的合作关系、提高质量。两项措施为设定服务区领域和“私营企业委员会”。设定服务区领域是为了明确职业训练在实施中的责任区域。通过将服务区域明确化，可以确保相关的职业训练机构和相关企业之间的责任和权益得到明确和有效的保障。设置“私营企业委员会”是为了促进企业、教育和劳工三方的合作和协调。通过这一设置，提高了职业教育的针对性和实效性。

20世纪90年代后，美国的职业教育开始向着现代化的方向迈进。随着经济的发展和技术的进步，美国的职业结构发生了显著的变化。传统的生产型职业逐渐减少，而服务型职业逐渐增多。这反映了后现代社会的特征，其中知识和信息技术应用变得更加重要。新经济以知识和信息技术为基础，成为推动经济发展的关键力量。这种经济模式对工作技能的要求发生了变化，需要人们具备更高的技术和信息处理能力。职业教育需要适应这种变化，为学生提供与新经济相适应的技能培训和教育，以帮助他们适应并参与到这种经济模式中。《卡尔·帕金斯职业教育法》是美国职业教育现代化进程中的关键法案。该法案最早于 1963 年颁布，随后经历了多次修改和完善。《职业教育法》的修订主要是为了反映美国经济和社会形势的变化，并推动职业教育与时俱进（表 2–1）。

表 2–1 《职业教育法》立法（修）时间及名称变化情况

年份	法案名称
1963 年	职业教育法
1968 年	职业教育法修订案
1976 年	职业教育法修订案
1984 年	卡尔·帕金斯职业教育法
1990 年	卡尔·帕金斯职业与应用技术教育法
1998 年	卡尔·帕金斯职业与应用技术教育修正案
2006 年	卡尔·帕金斯职业与技术教育改进法

帕金斯系列法案构成了美国二战以后的政策框架和核心内涵，其主要包含以下几个方面：①帕金斯系列法案明确了职业教育是为了促进经济发展、增强国际竞争能力而设立的。职业教育的中心使命是服务于国家的经济发展，以提高国民的专业技术水平和知识水平，从而增加国民的人力资本，提高其国际竞争力；②该法案规定，职业教育应面向美国的全体人民，从全体劳动者出发，为他们提供专业发展的需要；③法案提倡积极推动劳动力教育培训，特别是技术装备教育计划；④为了实现职业教育的纵向发展的统一性，法案鼓励不同层次和类型的职业教育实现有机衔接；⑤帕金斯法案推动了职业教育培训评估体系的建立，以强化对职业教育培训成效与质量的监管。

美国的职业教育在经历了几次改革与改进后，已呈现出现代化的特点：①美国的职业教育以促进经济增长为主要目标。人们普遍认为，职业教育对维持一个强有力的经济和竞争力至关重要；②职业教育的基本概念是劳动力教育训练，即将专业教育和培训的对象视为整体劳动力；③职业教育呈现出教育的统合性特征；④企业在职业教育中发挥着巨大的作用。他们与教育机构合作，参与职业教育的规划、制定和实施，通过与企业的合作，职业教育可以更好地贴合实际工作需求，提高学生的就业竞争力，增强毕业生的职业准备能力；⑤职业教育关注受训者的就业面和就业率；⑥职业教育在州和地方层面进行综合性规划和管理，这样的安排使得州在职业教育中发挥更大的作用。

在美国职业教育中，注重提供生涯咨询与指导服务，以帮助学生探索和规划职业生涯发展。升学预备性教育和就业预备性教育在美国职业教育中得到统筹。此外，美国职业教育中的新特征还包括将学校内部的普通教育和企业内部的职业教育相互联系并融合。这种整合的方法可以提供更全面、实践导向的教育体验，培养学生综合的职业技能和学术知识。为了凸显职业教育对终身学习和职业发展的重要意义，美国在 1998 年将传统的职业教育（Vocational Education）改称为生涯与技术教育（Career and Technical Education，简称 CTE）。这一改变旨在强调职业教育的目标不仅是为学生提供职业培训和技能，更重要的是帮助他们培养终身学习的能力，适应不断变化的工作环境和职业需求。

2009 年 7 月，美国总统奥巴马提出了新的就业与技能教育模式——面向人人的学院，以适应现代美国的就业需求。据该报告指出，随着越来越多的美国人接受高等教育，美国的职业教育将进入全民时代。这意味着美国正开始寻求全新的发展方向和愿景。就事论事地说，美国正处于一个以技能为核心的经济时代，它在各个方面都在快速变化。鉴于美国当前经济形势，高技能人才需要具备获取新兴职业领域的新技能的快速能力。为了确保所有学生都能实现成功，美国需要采用更富有活力的教育准备方式，以确保每个学生都能掌握理论、技能和满足就业所需的知识。研究者认为："跨越学术领域的一系列应用性技能是 21 世纪取得成功的重要因素。"[①] 为了适应 21 世纪经济挑战的需求，促进经济现代化的进一步推进，必须加强职业发展和技术教育。除了向学生教授系统知识和社会适应技能，还需要专注于传授学术技能，以帮助他们在职业实践中获得长期成长，保持可持续的能力和水平。在面向人人的学院变革主要内容方面，主要包括：总体行业需求的变化，需要人们接受高等职业教育或职业培训来满足这种需求，同时新兴职业也需要更多正规的高等教育支持；加强社区学院的基础设施建设，注重学生专业规划，提高咨询和教育服务水平，扩大技能培训规模，升级学生的就业能力和竞争力，为他们开拓更广阔的就业前景。总的来说，人人学院体现了美国职业教育政策的实际成效，即提供更多机会，保障素质。在质量方面，重点是强调每个人都应该具备高技能。这表明注重公正和教育素养的科学人文主义思想正在成为美国职业教育改革的主要潮流。

① 教育周刊．奥巴马的教育蓝图 [M]．范国睿，译．北京：教育科学出版社，2010．

自21世纪以来，随着替代性教师执照项目的普及，越来越多的职业教育教师进入了教学行业。《每个学生成功法案》（Every Student Succeeds Act，ESSA）取代了《不让任何孩子落后法案》（No Child Left Behind Act），此法案在一定程度上转移了对教育政策的控制权，将其从联邦层面转移到了州层面[①]。在职业教育方面，ESSA允许将联邦资金用于职业和技术教育课程，并鼓励各州制定并实施有助于学生为大学和职业做好准备的计划。为了确保每位学生都能够受益并取得成功，我们必须对教师的培养和培训进行严格要求。现如今，更多的人开始重视替代性执照职业教育教师的素养，各州也开始加强入职培训、考核评估，以及执照更新升级等方面的程序建设，以制度化的方式确保这些教师的专业发展能够连续不断地进行下去。

二、德国职业教育政策分析

长期以来，德国一直被誉为具有“工匠精神”的国家。在制定公共政策时，该国一直将职业教育作为关注的重点之一，并且致力于不断更新和完善政策以适应时代的发展。它培养“工匠”的摇篮——职业教育更是推动经济繁荣和快速增长的关键因素。

（一）严谨有效的法律制度体系

德国的法律体系十分健全，政府高度注重制定法律，尤其是针对职业教育领域的相关法规的制定。早在12世纪，德国就已经开始实行学徒制教育，着重培养手工行业技术人才，这是德国职业教育历史上的一段最早的记载。在经过近千年的演变和积累之后，德国发展出了适合本国特色的现代职业教育模式。在二战之后，德国面临着极其严重的经济摧毁和严重的人力不足问题。加强职业教育是为了快速发展经济和提高人民生活水平，通过培训人才满足各行各业对人才的需求。为此，德国工会联合会发起倡议，呼吁颁布联邦统一的职业教育法，以确保工作的顺利进行，建设强大的经济社会体系。1969年，考虑到职业教育对雇主、雇员和国家之间权力分配的重要性，德国深思熟虑、做出全面权衡，在这种背景下颁布了《联邦职业教育法》，成功地建立了自己的职业教育体系。这项法律充分表明了协调性原则的重要性，并将“双元制”体系正式写入法律文件中。在此机制下，教育公司和教育机构共同肩负职业教育的责任。教育企业和职业学校合

① 张洪华，克瑞斯·泽科．美国替代性职教教师执照：经验与启示[J]．职教通讯，2020（8）：97–105.

作形成了职业教育体制，共同承担职业教育的责任。教育企业是由国家级行业协会牵头，具备办学资格的企业。这些企业从事教育事业，提供各种教育服务。德国目前具备“双元制”实施条件，其中约有四分之一的企业从事职业教育。[①]学习者在真实的企业环境下，需要完成三分之二的时间扮演学徒的角色，并接受专业的实践培训。还有三分之一的时间，以一名学生的身份在职业学校接受专业理论知识的强化和反思。教育企业和职业学校是两个不同的学习机构，它们分别遵循不同的法律规定。《联邦职业教育法》为教育企业提供了法律保障，职业学校则需遵守各州所制定的《学校法》规定。这两个法规具有互补性，共同旨在促进在某一专业领域中熟练技术工人的培训和发展。两者之间的分工协作关系见下表（表 2–2）[②]。

表 2–2 德国双元制职业教育基本情况一览表

	企业／跨企业培调中心	职业学校
学习地点	实训车间与工作岗位	教室与实验室
师资	企业培训师或师傅	理论教师与实训教师
学习者身份	学徒（与企业签订培训合同）	学生（根据学校义务教育法）
法律基础	联邦职业教育法	（各州自己的）学校法
监督管理机构	行业协会	各州教育部
经费来源	企业	公共基金
课程标准	培训框架计划	框架教学计划
课程内容	实践技能	理论知识
时间安排	每周 3～4 天	每周 1～2 天
培养目标	生产第一线某一专业范围内的熟练技术工人	—

“双元制”的核心思想在于将学习和工作紧密结合在一起，同时保证学生的学习不受干扰，为他们提供充足的学习空间；将学生的社交过程与学习和工作过程融为一体是必要的。对于学生的工作过程和成果的评估应与进一步的学习相结合，加强反馈机制和教育文化，从而提高职业教育的质量。概括来说，这一次针对联邦内各州企业职业训练的法律基础的确立，在德国历史上是第一次。随着时间的流逝，德国的职业教育体系经过发展和不断完善，逐步建立了一系列与《联

① 姜大源．职业教育立法的跨界思考：基于德国经验的反思[J]．教育发展研究，2009（19）：34．

② 李继延．中外职业教育体系建设与制度改革比较研究[M]．上海：复旦大学出版社，2014．

邦职业教育法》相配套的法律法规和管理措施，以规范和约束职业教育的具体行为。根据《联邦职业教育法》，各部门、行业和地方政府都可以发布相应的条例或实施办法，以进一步规范职业教育的具体运行和管理。这些规定涵盖学校名称、培养目标、专业设定、学制长度、办学条件和经费来源等方面。此外，还设立了一个监督系统来确保职业教育实施的合规性，该系统包括立法监督、司法监督、行政监督和社会监督。采取法律措施进一步规范了职业教育的管理和运作，有效地促进了职业教育的有序发展。

除了通过《联邦职业教育法》规定“双元制”体制以外，德国还采取了五项措施来促进学徒制培训，包括推广新的学徒制培训形式、提升学徒制培训的质量、强化学徒制培训的欧洲一体化、提高学徒制培训的水平和完善监管制度①，这样一来，德国建立了一个相对完善的职业教育体系。概括起来，德国以其严谨的职业文化特点而闻名，制定了具体明确、实际操作性强、覆盖面广泛的职业教育法规来指导职业教育的发展。这一方法的实施有效地增强了职业教育的执行力和实际成效，保证职业教育为德国经济社会的长期发展作出了贡献。

（二）多元参与、多层管理的高效管理体制

德国的教育行政管理是联邦制，各州都有自主权，这种联邦式的教育行政管理体系为德国的教育系统带来了一定的多样性和灵活性，有利于地方教育的发展和创新。它的显著特点在于：①激发地方办教育的积极性：德国鼓励各州充分发挥人力和财力潜力，以促进各州取得优异的教育成果。这种积极性可以使各州更加关注本地的教育需求，并采取针对性的措施。②激励各州根据自身的独特条件和优势开展发展，并促进它们之间的竞争。③摒弃全国性的教育统一规划，以激发学校和教师的创新思维为目标，从而推动职业教育的多元化发展。由于缺乏中央政府的指示，地方和学校的自主权增加，使得他们能够更加关注市场需求，而不必受到上级指令的限制。德国的教育体系实现了与市场经济的有机结合，这得益于其注重职业文化传承的传统和以本国经济文化及社会发展为基础的务实办学风格，使其教育制度逐步凸显出实际效益。

典型的合作模式被德国用于职业教育管理。职业教育是一项多元参与的事业，众多实体机构包括政府部门、经济协会或行业协会等，共同协作推动职业教育的全面发展。职业教育注重专业理论和实践经验的学习，实现了多元化的决策体系。在学习领域，联邦政府和地方政府机构掌握主导权，各地则采用相应的职业教育

① 郑娟新．文化再造职业教育[M]．上海：华东师范大学，2014.

课程纲要来监管职业学校中的职业教育。企业教育的管理和监控涵盖了国家、区域和本地的各个层面，并涉及各种社会合作机构的参与。这些机构会派遣代表参加联邦职业教育研究所的高级委员会，并参与委员会的各项决策。另外，它们还参与各州职业教育委员会，与雇主、工会、州教育部门等有关部门的代表共同发挥作用，向州政府提供关于职业教育问题的咨询和参考。职业教育的重要性不容忽视，它不仅关系到国家的发展和人民的生活，也涉及政府、企业和学生个人等多元社会利益相关方的参与，因此是一个集体行动。学校的所有者和管理者具有多种身份。只有通过各方之间的合作和支持，才能形成可促进发展的动力，但必须对各方进行制约和平衡，以确保最大限度地维护各方的利益。因此，在德国，职业教育的管理体制是多元化和多层次的。经济部门、行业协会、联邦劳动局、各种公共部门和教会全都积极参与。管理职责通常由四个机构来承担，包括联邦教科部、州职业教育委员会、(行业)职业教育委员会和工商业协会和手工业行业协会。这些机构代表不同的利益群体，它们之间并不存在等级关系，而是各自承担着独立的管理职责。

人们普遍认为，德国的职业教育系统是一种高效而可行的教育管理系统。这种系统涵盖了多个决策主体和合作模式，并且这些元素相互作用，从而形成一个完整而紧密的体系。这一有效的管理体系为德国的职业教育提供了良好的运作环境，并且为该领域的发展方向提供了重要的引领作用。

（三）严格的师资保障制度

为了提高师资队伍建设，德国制定了严格的规定以确保其职业教育的高质量。在德国采用“双元制”体系，教师被分为学校教师和企业培训师两个不同的类别。为了确保教师们的职业生涯充满支持和发展，他们采用了初步培训和深造继续培训的双重培训策略，从而保证了教师队伍的稳定和可持续发展。作为学校的教师，必须要通过两次国家考试，考试内容包括教学技能、教育科学理论和其他相关内容。在经过约三年的职业前学习后，方可正式上岗。即便已入职，仍需持续参与进修与培训，有计划地规划个人职业生涯。《职业教育法》和《手工业法》所规定的资格要求，具体规定了企业培训师需要具备的个人素质和专业知识等方面的条件。

（四）多样化来源的经费保障制度

职业教育的良性发展必须建立在高质量的教育体系之上。研究表明，德国政府已经充分意识到，学校自治能力的增强将会有效地提高教育质量。然而，要实现自治需要能够掌握财政自主权，这也是当局目前所面临的主要难题之一。因此，如何平衡财政分配问题，成为德国当局亟须解决的核心问题。鉴于现今市场波动导致企业经营不稳的现象日益普遍，企业培训所需经费亦面临巨大压力，因此公共部门逐渐承担起了培训经费的责任。总体而言，德国职业教育的资金来源包括各类教育机构和培训机构的资助和投资。这些机构会以各种形式向职业教育项目注入资金。政府和企业是职业教育投资体系的主要资金来源。各种类型的职业学校可以获取来自州政府、联邦劳工部和联邦职业教育研究所的国家拨款支持。正是因为德国政府和社会广泛认识到职业教育的重要性，因此在职业教育领域进行了大量投资。学生在进行职业教育期间无需承担学费，并有可能获得生活津贴。另外，培训企业也要负责支付学生的社会保险费用。德国职业教育体系的建设得益于多元化的投资和融资体制，这为经济的发展提供了坚实的经济基础。同时，高素质的劳动力不断涌现，为经济发展创造了社会效益和经济效益的双赢局面。

随着全球经济的日益一体化，国际竞争越发激烈，那些领先的企业在国际分工中获得了更多的优势。然而，这也导致德国职业教育出现了一些问题，由于职业教育呈现出“渐进式国家化”趋势，各州政府必须推广“全学校式”的职业教育；虽然职教的民主管理体系涉及多个部门和管理机构，每个部门都承担着不同的职责，这确保了管理的多样性，但是这也会导致权责不清、问题难以及时解决等问题。因此，我们需要倡导多元的教育主体，发挥各自的优势，相互合作，以达到更好的教育效果。职业学校的教师因其高水平备受赞誉，但由于学制时间过长，导致该领域存在着教师紧缺及老龄化问题，这种情况使得优秀人才难以进入教师队伍。鉴于出现新的挑战，德国政府颁布了《关于职业教育现代化与结构调整的十大方略——意见与实施建议》，旨在推进职业教育的更新升级。这份文件是研究我国职业教育发展议题时值得深入探讨的参考资料。

第三节　国内的职业教育政策分析

一、近代以来职业教育的开创

现代职业教育是在工业革命时期的欧洲应运而生的教育类型。中国的现代职业教育的发展相对较晚，并与近代化进程中的历史事件相关。鸦片战争是中国历史上的一个重要转折点，在这场战争后，中国面临内忧外患和经济倒退。西方列强强大的军事力量迫使中国开放港口，引入了西方的知识、技术和文化，其中包括教育理念。在中国进入近代社会，经历了一场数千年以来从未有过的转型时期，许多有识之士开始运用经世致用的思想，以此来应对当时的局势，学习西方知识，推动中华民族的振兴。一股来自西方的思想，强调自我提升与发展，逐渐兴盛起来。在这个背景下，洋务运动应运而生，旨在促进国家“自强”和“求富”。学习西方科学技术并培养专业人才是洋务运动深入发展的自然结果，这是为管理机器生产和对外交涉的需要。随着洋务运动的加深，洋务派对西方文化的理解也从仅停留在技术层面，逐渐升华到了更高级别的学术层面，[①]以“尚实”为宗旨、以“变器不变道”为原则、以“中学为体，西学为用”思想为指导，中国在近代现代化进程中踏上缓慢的开端。在此背景下，中国第一批职业学校（新式学堂）涵盖了西方语言、军事、科学技术的学习内容，成为当时主要的学习途径。福建船政学堂成立于 1866 年，坐落于福州马尾，是最早的职业学校之一。洋务运动的失败在甲午战争中得到了证实，同时也宣告了该运动的崩溃。不过，在 19 世纪末和 20 世纪初，中国的民族资本主义工商业开始展现出一些发展迹象。资产阶级维新派，如康有为、梁启超、严复等代表人物，主张教育和国家的强弱息息相关，并推崇“教育救国”的观念。他们认为，学习的力量胜过武力，因此强调“学战胜于工战”的重要性。严复指出:“根本救济，端在教育。”[②]在受到民族资本和教育救国思想的双重影响下，一些专注于实业教育的独立学堂开始得到发展。1896 年，江西高安的蚕桑学堂成为中国独立设立职业教育学校的一个新起点。在民国初期，蔡元培担任教育部部长时，推崇实利主义教育的理念，制定了一系列规定。他强调，职业教育应当与国家经济发展相结合，专业设置应更加适应社会化需求，同时根据不同地区的实际情况灵活设置课程，服务于当地具备竞争优势的产业发展。比如江苏的蚕桑和纺织类学校，结合当地经济发展的需求，其专业设置能够满足当地产业的发展需求。中国致力于发展和推广职业教育已有 50 年之久。这些努力得到了多方面的肯定，包括国家振兴、经济发展和民族事业。现已初步建立起职业教育体系，为未来的职业教育提供了坚实的基础。

第一次世界大战的爆发和辛亥革命对中国政治发展产生了深远的影响，在这段时期，中国的政治和社会局势动荡不安，政府的控制能力减弱，民间资本得到了相对的自由和发展空间。同时，社会的变革和经济的发展也为职业教育提供

① 吴国荣．清末民初职业教育基本特征析论[J]．福建论坛（人文社会科学版），2014（4）：95．

② 王栻．严复集[M]．中华书局，1986．

了机遇。中国在这一时期正处于工业化的初期，工商业的发展迅速，对技术工人和熟练劳动力的需求急剧增加。职业教育得以满足新兴产业和就业市场对人才的需求，为社会提供了更多的技能人才。在职业教育领域，黄炎培先生是一个杰出的代表性人物，他对职业教育的教学思想和政策调整作出了极为重要的贡献。他的职业教育观念源于蔡元培的实用主义观点。他在1914年实地考察了多个地方，并收集了这些地方的经济社会发展情况。他深刻地意识到，教育与社会生活之间存在明显的断层现象，这给学生的实用技能掌握和适应社会带来了很大的困难。他在调查过程中，积极与美国、日本、菲律宾等国的实业界和教育界人员互动，刻苦钻研并参考外国的经验。美国之所以能够完成第二次科技革命并进入现代工业社会阶段，部分原因在于职业教育得到快速发展。经过深入调研和认真思考后，他认识到，“职业教育是救国的上策”[①]，“提倡爱国之根本在职业教育”[②]。1917年，他于1917年创办了中华职业学校。后来，他和蔡元培、梁启超、伍廷芳及张赛等来自教育和实业界的杰出人士一起合作，共同创立了“中华职业教育社”。该团体与“中华教育改进社”“中华平民教育促进会”等民间教育组织合作，通过协调各自的职能与任务，积极宣传职业教育理念，以促进社会的进步与发展。根据黄炎培在美国考察的经历，他积极推动将职业教育与普通教育融合，并于1922年11月在成学制中将职业教育纳入国家教育制度体系，成为国家教育发展的关键一环。为此，他曾担任审查委员会主席和草案起草人。虽然这个学制是模仿美国的教育制度而设计的，它增加了职业学校的数量，但尚未能确保职业教育一直兴旺。黄炎培意识到了全国职业学校每年减少的趋势，以及职业教育、政治、其他教育领域及经济社会发展之间的密切关联。因而，他首倡了“大型职业教育”的理念，号召来自社会各界的参与者，将职业教育、职业领域和社会运动等紧密结合，齐心协力实现共同目标，这一努力不应仅局限于职业学校、学术界或农工商等特定领域。随之，黄炎培告别了职业教育“谋个性”之发展，狭隘目的，转向为“使无业者有业，使有业者乐业”[③]。在他带头倡导的职业教育先驱运动中，民办和私立学校成为社会培养各行业迫切需要的职业技术人才的重要渠道，并且弥补了政府普通教育的不足。在抗日战争期间，国民政府意识到了后方建设所需中级技术人才的重要性，并及时调整政策，加强对这些人才的培养。1939年颁布了《各省实验分区辅导职业学校办法大纲》，督促“教育厅会同本省及外省公私

① 成思危．黄炎培职业教育思想文萃[M]．北京：红旗出版社，2006.

② 黄大能．忆念吾父黄炎培[N]．人民日报，1981-03-08.

③ 徐福林．黄炎培的职业教育实践对近代教育的影响[J]．兰台世界，2014（3）：56.

立大学、专科学校及有关生产建设、军事工业机关，就其所在地区及所设科目的便利条件，辅导各种职业学校，编订教材、选择教本以及改进教学方法等”① 同时，解放区的职业教育力量也一直致力于为抗战服务。在抗日战争时期，路易·艾黎是一位新西兰的国际友人，他远道而来到中国并积极参与领导的“工和”运动。他为战线后勤提供了大量生活必需品和军需物资，如鞋子、食品、棉纱、毛毯和毛巾。此外，他还开创了培黎学校，奉行“创造、分析、理论联系实际”的教育理念，培育了大量的技术人才。这所学校开设的课程以短期培训为主，注重实用和灵活性，使得抗战时期的中国得到了许多有价值的人才。

通过对我国职业教育在 20 世纪前半叶的发展路径的回顾，我们可以发现政治因素在职业教育领域扮演了重要的角色。政治环境的稳定与繁荣对职业教育事业的发展至关重要。在社会发展的转型时期，许多有抱负的人投身于开办职业教育的尝试，目的是促进国家的繁荣和民族的振兴。虽然现代职业教育还存在一些不足，但它已经开始对人们的思想观念产生积极的影响，这为未来的职业教育实践提供了宝贵的经验积累。

二、改革开放前的职业教育政策分析

（一）全面建设社会主义时期职业教育政策

1956 年 9 月，中国共产党在北京举行的第八次全国代表大会为我国进入全面的社会主义建设时期奠定了基础，这一会议的召开标志着一个新的阶段的到来。在中共第八次全国代表大会上，提出了使全国人民逐步满足日益增长的物质和文化需求的工作目标，并通过发展社会生产力实现国家的工业化，因此将工作重心集中在此。在中华人民共和国成立后的前七八年，我们重新建立了经济制度，完善了社会制度，同时也加速了教育事业的发展。1957 年和 1949 年各类全日制学校的子啊小声人数对比如表 2–3 所示。

表 2–3–1　1957 年和 1949 年两年各类全日制学校在校生人数对比

（单位：万人，中专含中师）

年份	小学	初中	中专	中技	高中	高校
1949 年	2439.1	83.2	22.9	0.27	20.7	11.7
1957 年	6428.3	537.7	77.8	6.66	90.4	44.1

① 王炳照．中国职业技术教育问题的历史反思[J]. 教育学报，2005（2）：6.

中华人民共和国成立初年，我国高等教育、中等职业教育及技术教育得到了显著发展。然而，受制于各种实际的办学条件，包括采用归口性管理的办学体制，以上情况给各种层次学生带来不少困难，尤其是来自农村学校的毕业生的升学需求难以被满足。[①]为了让那些无法上大学的学生能够真正掌握一门技能，以便他们能更好地就业，我们需要开辟新的方法并加以恰当地实施。在目前的环境中，职业教育的重要性和影响更加明显和显著。1957 年，教育行业制定了一项方针："适当收缩，保证重点。"目的是强调职业学校在扩大规模的同时，必须更加重视提高教学质量，从而为国民经济做出更大的贡献。过去，职业教育主要的发展方向包括：促进农业中学的进步，改革中专教育，提升城市职业学校的规模，并探索实践教育与传统教育制度相结合的途径。

首先，农业技术学校中等水平的出现。20 世纪二三十年代，以农民为主体的教育在农村地区取得了迅速发展，在这个过程中，晏阳初和梁漱溟等杰出人士做出了重要贡献。这项活动的范围相对有限，主要在江苏无锡、河北定县（今定州市）、山东邹平等特定地区进行实验性的教育活动。这些活动的主要重点在于培养生活教育、基础文化教育和道德修养，但由于经济社会条件的限制，农业技术教育的实施并未得到全国范围内的广泛推广和发展。政务院在 1952 年 3 月底发布通知，强调学校教育须与各种训练班相互配合，以推动新时期农村职业教育的进步。在全国高校院系调整之后，国家实施了类似苏联的措施，对全国的农业院校进行了广泛调整，同时进行了中等农业教育的改革和重建。中等农业学校在管理层面上，受到农业部门的总体领导，而具体的业务管理则由地方政府的农业部门承担。归口管理使农业部门对农校的办学体制进行了规范，整体呈现出政府命令集中管理、规模适中的特点。为了确保技术人员得到及时的培训，农业部门和乡镇农技站应当不断加强培训工作。随着经济发展水平的提高，我们逐渐增加了专业设置，包括了养殖、种植等领域，以与高等农业院校的专业设置相协调。因为社会主义新农村建设的推进，很多人积累了丰富的实践经验和技能。为应对当时农村学生难以升学的问题，中国实行了城乡二元户籍制度。政府采取了中小学教育内重视培养农业生产技能和知识的措施，以确保学生学习与农村实际紧密结合，让他们能够从事农业劳动并具备相应的技能。自 1957 年 11 月以后，国际形势发生了巨大变革，中苏之间的合作关系急剧恶化，这不可避免地导致了我国许多政策的重大调整。1958 年 4 月，中央开会商讨教育工作方针，明确了教育问题

---

① 俞启定，何震．中国职业教育发展史[M]．北京：高等教育出版社，2012．

和改革任务，随之，教育形势出现了翻天覆地的变化。[①] 可以自由选择由地方自主决定或者由协作区共同商议决策，来新建高等学府及中等工科技术学校。这次会议表明中央已经开始意识到，在教育发展中，地方政府扮演着主导角色的重要性。自国务院 9 月份发布指示，全国范围内开始兴起一个以将教育与生产劳动结合为核心的教育大革命和“多快好省地发展教育事业”的发展教育事业的群众运动。农村中兴起了开办农业中学的热潮，导致这些学校遍布乡村，形成了“虚胖”的局面。在贯彻实施“调整、巩固、充实、提高”方针应对问题的全国经济形势下，1963 年，80 % 的农业中学因整顿而停止运营。1965 年，各地相继设立了卫生班，专门培训农村卫生技术人员，这对于提高农民的卫生保健水平作出了重要的贡献。

我们需要认真审视以往农业学校所实施的教育策略，其中有许多值得深入探究的方面。

一是，从积极方面看，当时的农业中学所采用的教育模式不仅能够满足农村对实用型人才的需求，同时也与当时农村的实际情况相契合。1958 年起，农业中学开始纳入基层群众代表参与学校管理的方式。为了解决涉及学校发展的关键问题，学校成立了办学委员会，并进行了集体讨论。这一行动充分展示了大家相互独立协作、平等民主、集体合作的自治意识。此外，农业中学以教育与生产融合为指导思想，大量培养具备文化素养和初级技术管理能力的农业从业者，填补了农村基层人才缺口。由于他们对农村有深刻的认识并怀有浓厚的感情，因此，他们得以在农村站稳脚跟，为中华人民共和国的农业生产技术改进和提升注入蓬勃活力。随着“两种劳动制度和两种教育制度”的颁布实施，农村中学也紧跟时代步伐，采用半耕半读的方式，结合农业生产和学习教育。这一途径解决了许多农村居民无法继续深造的问题，同时在促进农村文化素养、推广符合农村实际需求的职业教育、提高农业生产水平等方面发挥了重要作用。另外，农业在发展过程中也出现了“急性病”症状，其中包括受气候条件的影响。随着教育管理权力下放，各地相继兴办学校，却忽略了办学必备的基本条件和规律，导致学校数量大幅增加，但教师素质、设施设备及校舍建设等关键方面严重匮乏。教育快速发展过程中不协调、不平衡的状态，导致教育工作难以掌控和管理，教育质量亦受到严重影响，同时也给国家经济发展带来了更大的压力。没有足够的理性和谨慎来作出决定，导致农村劳动力资源急剧减少，影响了农业生产效益，同时校园基础

① 方展画，刘辉，傅雪凌 . 知识与技能：中国职业教育 60 年 [M]. 杭州：浙江大学出版社，2009.

设施缺乏，导致教育质量不断降低。国家和社会由于这种短暂的迅猛发展面临很多潜在的威胁和危害，因此，在制定教育政策时必须认真总结这方面的经验教训。

二是，中等专业技术教育的改革和调整促进了城市职业学校的兴起。1958 年 2 月，全国人大一届五次会议通过一项决定，将高等教育部与教育部合二为一。之后，为了更好地统筹管理全国所有全日制中等专业学校，教育部设立了中等专业教育司。劳动部是全国技工学校的管理机构。随着教育管理权力的下放，国家的专业技术教育垄断局面被打破，各种多样化的教育形式和渠道应运而生。新的办学制度的主要特点是高度组织化和行政管理有效，采用了多层次的办学管理体系，包括政府主导、企业参与和团队合作等多元参与方式。这种策略的优点在于，不仅可以解决国家在教育经费、校舍、设备和师资等方面的不足之处，还可以推进将教育与生产劳动紧密融合的目标达成。中等专业技术教育的发展历程与农业中学十分相似。随着教育管理权限的下放和办学模式的多样化，出现了中等专业技术教育质量失控的问题。

在 1963 年前后，中国经历了一段调整整顿的时期，经济开始出现复苏迹象，城市经济和产业的提升导致对技能型劳动者的需求急剧增长。同时，我国的中学教育也在迅速发展。但是，中等职业学校和技术学校在经历了艰难的收缩之后，恢复速度却比较缓慢。为了解决这些矛盾和问题，就必须大力发展城市职业教育。在这个背景下，1963 年 7 月，中共中央宣传部提出了一项重要的发展方针，即在继续发展中专和技工学校的基础上，加快发展多种形式的职业和技术教育。1964 年 10 月，为了进一步推进职业教育的发展并加强其工作的领导和管理，国务院文教办发布通知，明确规定中专、技校和职校的主要任务，即扩大试点并逐步改变“半工半读”的教育模式。为此，教育部中等专业教育司被赋予了这三类学校的管理职责。我国开始全面协调管理职业教育，这项措施具有重要意义。虽然行业部门和企业仍然管理中专和技校，但教育行政部门已在业务方面扮演了一定的领导角色。这种分类方法在某些方面混淆了职业教育的特性，并导致教育部后来较少参与技工教育的管理。我国经济全面复苏，这也带动了中等职业技术学校的显著发展。1966 年，中央重申了平衡发展普通教育和职业教育、技术教育的重要性，并着眼于推动中等专业学校、技工学校和职业学校的进一步发展。1957—1965 年中专、技工学校、职业学校发展情况见表 2–4。

表 2–4　1957—1965 年中专、技工学校、职业学校发展情况表①

年份 / 年	中等专业学校		技工学校		职业学校（农村、城市）	
	学校数 / 个	学生数 / 万人	学校数 / 个	学生数 / 万人	学校数 / 个	学生数 / 万人
1957	728	48.2	144	6.6	—	—
1958	2 085	108.3	417	16.9	20 000	199.99
1959	2 341	95.4	744	28	22 302	218.99
1960	4 261	137.7	2179	51.6	22 597	230.2
1961	1 771	19.51	1507	40	7 260	61.17
1962	956	35.3	155	5.95	3 715	26.7
1963	865	32.1	220	7.8	4 303	30.78
1964	1 125	39.7	334	12.34	15 108	112.34
1965	1 265（含中师 394）	54.7（含中师 15.5）	400	18.3	61 626	443.34

根据上方表格显示，我国职业教育在 1958 年至 1965 年期间得到了蓬勃发展。当时，中专、技校和职业中学已成为中等教育的重要组成部分，占中等教育总人数的 34.8%。教育体制也逐渐与经济社会发展相适应，教育行政管理经过多次调整，逐渐实现政府和学校之间的合作与协调。中国在持续的实践和研究中，逐步形成了独具中国特色的职业和技术教育模式。

三是，中等职业教育制度经历了两次重要的改革和调整。一个是半工半读教育，一个是两种教育制度。1957 年 5～6 月间，《中国青年报》和《人民日报》发表了社论，呼吁学生积极参加勤工俭学，这就是半工半读教育的起源。

（二）职业教育的艰难前行

然而生产一线迫切需要大量的技术力量却得不到满足，1971 年 7 月，全国教育会议举行，此次会议全面吸收了各地区代表提出的关于中等职业学校办学的呼声，并着重指出，中等职业学校之前培养出来的学生，在国家各方面都起到了一定的作用。随着我国社会主义事业的不断发展，各方面都需要大批的专门人才，这不是仅仅依靠大学学历就能培养出来的。中等职业学校在普及科学技术、文化教育方面，还是一支不容小视的力量，一定要努力搞好。此后，我国高等职业教育进入了一个恢复式的发展期，并逐步得到了发展。在此期间，高等职业教育经历了一段曲折、跌宕起伏、困难重重的发展历程。

① 俞启定，何震．中国职业教自发展史 [M]．北京：高等教育出版社，2012．

职业教育是促进我国经济和社会发展的主要力量。职业教育是一种对普通教育的补充，也是一种有效的分流，更是培养高素质技能人才、推动产业升级和提高就业率的重要途径。这不仅涉及个体的事业发展、社会阶层的流动与和谐，而且对我国整体工业系统的构建与发展起着重要的支撑作用。在我国的工业化进程中，高等职业教育一定会成为现代教育制度中不可缺少的一部分。

三、改革开放后的职业教育政策分析

改革开放后，对于发展职业教育事业，一直有三个核心的问题——要不要发展，发展什么样的职业教育，以及如何发展。对以上三个问题的不断探索和对于这三个问题的认识变化，都反映在了职业教育事业的几十年政策变动中。职业教育是教育的重要阶段，也是教育的重要类型，而教育与社会紧密相连，职业教育的发展是扎根于中国历史转折与发展之中的。其发展方向的调整，改革的深度、广度与难度，也都为中国整体社会、技术、政治、制度的转型、改革及国际化所限制或者促进。在过去几十年中，职业教育一直按照自身的发展规律，以现代化建设大局为中心，为经济社会发展服务，在解决问题和挑战的过程中把握机遇不断发展。其发展历程主要分为四个阶段：恢复和发展期、快速发展期、滑坡下滑期、重振发展和战略定位期，职业教育在促进经济、扩大就业，改善民生等方面积极探索与实践，形成了具有中国特色的发展之路。

（一）职业教育恢复和发展阶段政策

党的十一届三中全会作出了改革开放的伟大决策，经济建设成为党和政府的工作重心，急需大量人才，这成了教育改革，尤其是职业教育改革的重要依据。因而，职业教育改革的一个重要方向就是在较短的周期内、高效地培养当下经济建设急需的实用人才。也就是说，培养具备专业技术知识的人才，服务改革开放初期需要，已经成为职业教育发展的最为重要的任务。从 1978 年至 1984 年，职业教育进入了恢复和发展的阶段。在这段时间里，国家职业教育政策发生了变迁，主要包括以下几个方面。

1. 中等教育结构的改革

截至 1976 年，“中等职业学校主要由中专和技校构成，各类中等职业学校（含中师）共计 3　710 所，在校生 91 万多人，占高中阶段学生总数的比重由 1965 年的 52.6 % 降至 6.1 %，高中阶段普职比为 15.4 ： 1”[①] 这一数据反映出了当时职

---

① 和震 . 我国职业教育政策三十年回顾 [J]. 教育发展研究，2009，29 (3)：32.

业教育发展的严重不平衡，因而，1978年4月召开的全国教育工作会议指出，教育有关部分和国家计委，要将教育事业的计划视为社会经济计划的一部分，应当将之融入社会经济计划之中。教育事业计划需合理调整各类学校比例，尤其要提高农业中学、各种中等专业学校、技工学校的比例。将劳动计划作为教育计划的重要参考，对劳动就业需要做出充分考虑。这次会议为教育事业改革指明了大方向，自此，教育结构改革和职业教育成为党和政府着重推进的工作。以历史的眼光分析，这次会议的主要目的是推动中等教育机构改革，这是当时社会发展的迫切要求，背后有着多种原因。首先，缺乏技能型人才，技术人员比例从1965年的4.1 %下降为当时的2.9 %。工人缺乏必要的岗前技术教育和培训，严重影响企业劳动生产率的提高，人力资源质量为企业发展带来很大隐患；到1979年，在高中阶段毕业生中，有普通高中毕业生726.5万人，而职业教育仅有中专毕业生18.1万人、技工学校毕业生12万，约占当年高中阶段毕业生总数的4 %。[①]其次，当时大学招生数量相对较少，应届考生与大量的非应届考生汇集一起，可谓是千军万马过独木桥，高中生升学率较低，因此需要大力推广职业教育，以培养掌握实用技能的劳动者，使其成为受社会认可、满足国家建设需要的有用人才，同时减少社会的不稳定因素。再次，当时经济建设的重点是产业结构调整和第三产业发展，因而需要大量熟练的技术人才，所以，职业教育面对这一形势需要加快培养人才，以填补经济建设人才不足。最后，人口激增和大批知青回城等因素的叠加作用，导致了就业形势的严峻，因此需要对中学教育进行改革，增加岗位，缓解就业问题。1980年，《关于中等教育结构改革的报告》发布，受到中央领导的大力倡导和各方因素的推动，中等职业教育获得了显著的政策倾斜，这些政策包括将一些普通高中改建为职业（技术）学校和职业高中等。在这份报告中，一个值得注意的亮点是，除了发展中专和技校之外，还出现了的新的中等职业教育机构，即由普通中学改办而成的职业高中。这些职业高中有着独特的办学特色和明显的优点，不再为毕业生分配工作，联合多个主体共同办学，为当地经济服务，办学和教学都十分灵活，在当时的社会，职高被视为非常好的出路，这使得许多不太有名的、条件差的普通高中纷纷改建成职业高中，职业高中发展超过了中专和技校。除此之外，报告中明确表示，职业教育不再由政府包办，而是允许企业、个人、工厂等社会力量参与其中，拓宽办学主体渠道，这是一个重要的突破。而后各地政府针对本土情况，制定政策和措施，为职业教育发展释放活力。据统计，

① 改革开放30年中国教育改革与发展课题组．教育大国的崛起（1978—2008）[M]．北京：教育科学出版社，2008.

仅 1980 年，全国职业中学有 3 314 所，在校生 45.4 万人。其中农村职业中学 2 924 所，占学校总数的 74 %；学生人数达 32 万人，占职业中学学生总数的 70 %。[①] 到 1985 年，高中阶段中等专业学校、技工学校和农业职业高中的在校生分别比 1980 年增长了 26.4 %、9.1 % 和 4.8 倍，总人数达到 415.6 万人。高中阶段接受职业教育的学生人数占到高中阶段学生总数的 35.9 %，比 1980 年提高了 17.2 个百分点。[②] 上述数据证明了，在经济建设迈进正确道路、快速发展之下，中等职业教育也不断调整、适应形势、形成特色，作为我国职业教育体系的重要部分，推动了整体发展。

2. 多项发展举措的推出

1980 年 10 月，国务院针对中等职业教育陆续制定了包括政策支持和财政支持等多方面的一系列措施。首先，加大宏观管理力度，增加财政支持。1983 年，《关于追加发展城乡职业技术教育开班补助费的通知》下发，其中明确表示"发展职业技术教育，是适应社会主义现代化建设需要的一项战略措施。为了支持城乡职业技术教育的顺利开展，1983 年由中央财政对教育部门办的职业技术教育追加一次性开办补助费，且追加的补助经费，不进行平均分配，要求各地在安排使用追加的补助经费的同时，要根据地方财力，也应该尽可能地拨出相应的经费，积极支持城乡职业技术教育事业的发展。各职业技术学校要管好、用好追加的补助经费，把钱用在发展职业技术教育最急需的方面。要讲求经济效益，少花钱多办事，事情办好。"[③]1983 年至 1985 年期间，中央政府为职业教育拨发 500 万元的补助年费，各地方政府也根据这一政策增加了补助经费。在政府的财政支持之下，职业教育机构不断扩招，优化办学条件，购买了大量的教学仪器，这使得职业教育总体教学质量得以提高。此外，政府开始创建职业技术教育中心，推动专业课师资培训。其次，重视分享和推广办学经验。1982 年起，教育部领导和组织全国各省教育厅职业教育处长举办了多次职业技术教育小型座谈会，这些会议在辽宁、青岛、厦门、西安等地召开，深入分析和探讨了当时有代表性的教学成果和经验。例如，辽宁阜新市的职业教育中心，该中心不仅与普通高中合作，为学生提供职业技术教育课程，还向待业青年提供服务。除了提供职业技能培训之外，还提供社会生活服务，充分展现了职业教育中心的优势，有力地推动了整个当地职业教

① 李蔺田．中国职业技术教育史 [M]．北京：高等教育出版社，1994.

② 和震．我国职业教育政策三十年回顾 [J]．教育发展研究，2009，29（3）：32.

③ 方展画，刘辉，傅雪凌．知识与技能：中国职业教育 60 年 [M]．杭州：浙江大学出版社，2009.

育的发展。此期间召开的职业技术教育小型座谈会也其他种种相关问题，包括如何在农村地区发展职业教育、开设农业中学、加强职中师资建设、政府如何领导职业教育、职业教育经费的拨款和使用，以及如何安置城市职业中学毕业生等，这推动了当时职业教育的总体发展。再次，强化职业教育内部建设，以打造专业师资队伍、培养职业教育管理干部、编创职业教育专用教材等措施巩固职业教育的发展基础。1983 年，教育部发布了一份通知，利用许多高校提供的平台，采取了定向招生和定向培养等方法，针对职业教育师资培养，构建了较为完整的机制，从而为职业教育提供了稳定的专业教师资源，为职业技术教育的成功实施创造了基础条件。1983 年 6 月至 7 月，举办了一次小型的职业教育管理干部培训，担任培训讲师的不仅有国内的职业教育专家，还有外国的职业教育专家分享经验，接受培训的是来自各地方的 47 名职业教育管理干部。这次培训中，参与者探讨了一些关键问题，如办学指导思想，迅速将国内外职业教育的新发展和新思想传递到全国各地，并培养了一批能干的管理干部，为中国的职业技术教育的进一步发展作出了贡献。最后，引入社会力量，丰富办学主体。1982 召开的党的十二大再次强调了四个现代化，并明确指出科学技术现代化是其中的关键。当时许多企业缺乏管理经验，理念老旧，生产技术滞后，许多职工学历较低，对生产要求的基础科学文化知识了解少，操作技能水平低，此外，很多企业缺乏熟练工人和科学技术人员。“必须大力普及初等教育，加强中等职业教育和高等教育，发展包括干部教育、职工教育、农民教育、扫除文盲在内的城乡各级各类教育事业，培养各种专业人才，提高全民族的科学文化水平。”① 面对此情况，在职业教育事业中，不仅有政府积极兴建职业学校，还有很多民主党派的地方组织和其他社会团体结合实际的生产和教育经验提出了一些建议，并利用自身资源组织或参与了员工培训和职业补习，这种做法为广大青壮年职工提供了学习和进步的机会，促进了提高企业员工的素质的整体提升。

3. 中等职业教育制度改革的推进

教育部在 1979 年 11 月 5 日发布了《全日制中等专业学校领导管理体制的暂行规定》，“对中专学校实行分工分级，按系统归口的管理制度。按照领导关系，分为部属学校和地方学校，分别由有关部委直接领导和省市有关业务部门主管。教育部则根据党的教育方针和党中央、国务院指示，对中专负责业务指导和制定

① 胡耀邦．全面开创社会主义现代化建设的新局面：在中国共产党第十二次全国代表大会上的报告（1982 年 9 月 1 日）[2023 年 4 月 8 日][EB/OR].http://www.most.gov.cn/zxgz/jgdj/xxyd/zlzx/200905/t20090518_69737.html.

具体工作方针和规章制度。”[①] 这一规定推动各地大力推进中等专业学校改革，旨在提高这类学校的办学质量。在十一届三中全会之后，中等专业学校（中专）和技工学校（技校）成为职业教育的主要机构。技校的改革基本集中在如下两个方面。

首先，在1977年2月，国家劳动总局取代教育部主管技校综合管理工作，后者提供协助。这一举措下，技校领导体制得到了合理的转变，中等教育改革打开了局面。改革后的技校，实现了技术工人的培养和就业形成了一个整体，不仅能够跟上国家政策教育，也能够兼顾行业和企业需求，借助既有的技术和设备，将工人的学习和工作的有机结合。这种改革为提升技校的办学质量和水平创造了条件。

其次，国家劳动人事部和国家教委也共同发布了《技工学校工作条例》，该条例旨在提升技校办学质量和管理水平，其中详细阐述了技校的办学规律和办学特点，并全方位、具体化地规定了技工学校的生产、实习和教学工作，指明了技工学校的改革的方向。

1986年4月，劳动人事部发布了一份文件，名为《关于改革技工学校毕业生分配制度等问题的意见》，其中清晰地规定了：1982年底之前入学的学生的就业可继续依照原有的分配制度进行；而1983年之后入学的学生的就业则需要依照用人单位的需求和“三结合”就业方针，统一安排，选择优秀的学生分配，对不符合条件的学生不予录用。从技校的整个发展历史来看，这是与学生就业有关的较早的论述，并且反映出技校在的人才培养中十分重视培养优秀一线技术操作工人。总体上看，中等职业学校为了确保教育质量，所采取的举措主要有两种。其一，不断强化思政工作，坚持“三个面向”的理念，把思想政治教育贯穿学科教育，从而为社会事业培养具备全面发展能力的中级专门人才；其二，革除现有的缺点，进行招生制度改革。为了提高办学质量，逐步将招生范围限制为应届初中毕业生，以便更好地进行统一管理。制定了更加灵活的招生政策。例如，给学校的录取和招生一定的弹性，允许其根据实际需要调整招生规模，综合选取单招、定向、委培等不同方式招生。同时，考虑不同地区的特点，更加注重专业和地区的生产特色，性别上向女性倾斜。上述政策和举措明显展现了教育理念的不断解放，以及选拔和培养人才上开放、多元的特色。

4. 农村职业教育的大力发展

在20世纪70年代末至80年代初，我国开始逐步推广开展联产承包制改革，

---

① 刘贞．改革开放以来我国中等职业教育发展研究[D]．保定：河北大学，2011.

此举解放了生产力，推动了农村经济的发展，这一改革也对教育改革提出了需求。在当时形势下，政府全面展开农村教育综合改革实验，采取“三教统筹”“农科教结合”，同时积极践行燎原计划，不断推动农村教育开展得更加深入和全面。在当时农村职业教育的多样化发展之下，教育和经济相互依存、相互推动、协同发展。1983 年 5 月 6 日，中共中央和国务院一起发布了一份文件，名为《关于加强和改革农村学校教育若干问题的通知》，这是改革开放以来第一个针对农村教育发布的文件。1981 年 11 月的第二次全国农民教育工作会议上，对改革开放新时期农民教育的目标作出了明确，即提升农民的农业技术水平，使之达到中等水平，为此要开展一系列具体任务，其中之一就是广泛展开技术教育。在中央的宏观指导下，各地相继实施有效措施在农村技术教育工作中不断探索试验，其中最为主要的就是建立和发展县级农民技术学校。1982 年 6 月 9 日，教育部发布了《县办农民技术学校暂行办法》，根据该办法，农民技术学校属于中等专业教育性质，主要职责是培养农村公社、村、生产队需要的中等农业科学技术人才。这类学校主要招收拥有初中以上文化水平的社区管理干部、技术人员、拥有生产经验的农村青年，以及从事农村教育教学工作的教师。这些人员一旦完成学业并且毕业合格，就会回到原来的生产工作岗位。这类学校的主要教学内容为农业科学基础知识和基本技能，重视对学生应对实际问题的能力的培养。由此可见，农业技术学校注重实际，具有针对性，定向培训基层农业领导和管理人员，为农民提供专门的技术教育机会，推广实用技术，培养实干能人，为农工商业、加工业和专业化生产等培养人才，这样，农村职业教育才真正形成教育和生产连接的整体。农牧渔业部和教育部也积极配合与协助县办农民技术学校的建立和发展，合作编创专门的教材，并制定了详细的教学计划和大纲。根据当地农村、农业的实际情况，开设农学、果树种植、畜牧养殖、兽医等相关专业；根据农村劳动和生活的特点，注重理论与实践相融合，采用简洁明了的语言、明晰的层次编写教材，配以丰富的图表，力求教材易于理解；将传统农业和现代农业、普及与提高相结合，全面和深入地满足中国特色的农业现代化要求，面向农村基层培养实用人才，有力地促进了农业高质量、高效率发展，改善了农民生活水平，促进农村的不断发展和进步。

5. 高等职业教育的发展

我国的职业教育在很长一段时间内，都以中等职业教育为主要的组成部分和核心。仅依靠中等职业教育所培养的初级和高级专门人才，就能够基本满足当时社会对专门人才的需求。但是随着社会主义现代化建设的不断推进，社会经济的高速发展，产业结构的整体变革进程也在加快，社会对高级技能人才的需求也在不断增长。因此，在新的时代背景下，积极发展高等职业教育已成为必然之举。在改革开放之前，高等职业教育的发展不受重视，发展速度较慢。在 1980 年，中央对全国中专开展了初步评估，将 100 所中专认定为重点中专，并将曾经开设过大专和本科课程的中专调整为大专。同时，政府还调整了高等教育的结构和层次比例，在大、中等城市和大型企业中大力建设高等职业教育机构。截至 1985 年，单独设置的高等职业院校招生数达到 3.01 万人，在校生 6.31 万[①]。这是我国职业教育发展中的一个里程碑，有力地推进了高等职业教育的发展。

改革开放新时期，我国高等职业教育中做出的探索大致分为以下几个方面。

首先，在 1980 年前后，国家着重要求各地方政府大力创办职业技术师范学院，一方面为职业教育发展储备优质的教师资源，另一方面促进职业教育的科研工作。1979 年，天津和吉林两地率先响应国家要求，开办职业技术师范学院，这标志着我国开始加快高等职业教育发展。对于职业教育发展而言，独立的职业技术师范学院，以及在综合性大学及师范大学中设立的职业教育师资培训项目都发挥了保障性作用，有力地支撑了职业教育的师资、科研发展。

其次，批准设立城市职业大学。社会经济不断发展之下，社会需要大量的一线实用型人才，特别是沿海开放城市地区等经济发达城市。在 1980 年，教育部核准了 13 所职业大学的成立，包括金陵职业大学、无锡职业大学、江汉大学、洛阳大学、杭州工专等。上述职业大学结合当地社会需求对专科和短线专业的比重进行了灵活调整，实施了收费走读、强调提高实践能力、不包分配、提供择优推荐等措施。这在当时的教育领域是重大的创新，为社会各界所关注。随后，教育部于 1983 年和次年相继批准 55 所地方性职业大学的建设，培养了大批科技、工艺、管理等实用人才，有效满足了当地经济发展的人才需求

再次，对职工大学做出规范和整顿。尽管职工大学的办学主体是企业，然而因为各个企业的办学实力、条件和人才需求存在差异，对高等职业教育的认知和理解有深有浅，各学校的办学条件和质量存在较大差异和不平衡，所以，这些职工大学的办学和教育质量和水平良莠不齐。1981 年 12 月，教育部重点审查职工大学和业余大学，以促进其有条不紊、规范办学和教育，促进其成为高等职业教育的重要组成部分。

最后，开展为期五年的高等职业教育试点。1983 年 4 月，国务院通过《关于

① 方展画，刘辉，傅雪凌．知识与技能：中国职业教育 60 年 [M]. 杭州：浙江大学出版社，2009.

加速推进高等教育发展的报告》，提出以加强中等职业技术教育为主要目标，并且大力推进高等职业技术院校的建设。高中毕业生可以进入普通大学，或者高等职业技术院校继续接受教育。高等职业技术教育第一次在官方文件中得到规范化阐述。报告明确指出，我国经济建设急需大批人才，这些人才中既包括应既具备合格的文化素养、技术能力，熟悉业务的一般劳动者，也包括极具创新思维和优秀能力的高级管理人员和专业技术人员，如厂长、工程师、园艺师等。

虽然这一时期，高等教育正在逐步恢复发展，但专科教育仍然存在不平衡和不足的问题，高等职业教育还有待进一步发展。1981 年，专科毕业生的人才结构比例严重失衡。针对这一问题，必须积极推动专科水平的职业教育发展。随后，教育部职教司对职业教育体系的建立和完善进行了深入研究，采取了一系列措施在中专和专科之间建立紧密联系和畅通的渠道，是很多学校在升为专科后继续朝着本科发展的惯性被打破。教育部开始以新的视角、立足于新的现实，审视初中后五年高等专科学制。“提出了试办初中后五年制的技术专科学校的实施方案，决定在航空工业、机电工业、地震预测行业开展小规模的试点。”① 针对此问题，在西安航空工业学校、上海电机制造学校及国家地震局所属的地震学校这 3 所中专，尝试和试验五年制高等职业教育。从 1991 年开始，邢台高等职业技术学校开始招收五年制中高职衔接生，这些学生都是初中毕业后直接进入该校就读的。这种新的培养模式突破了过去高等教育机构只能通过高考（包括成人高考、自学高考等）来招收学生的束缚，为教育体制改革提供了新的思路；又凸显职业教育特点，使得中职和高职有机衔接，便于通盘设计专业教学，学生受到更为全面、系统的专业知识技能教育；② 能够根据学生的入学时间和可塑性，分阶段、分层次地开展具体的教学工作，从而帮助学生规划职业道路和发展道路。目前，许多地方高等职业院校依旧选用这种方案，强化了职业教育的特性，缩短学制，在较短的周期内培养大量优秀的实用人才。然而，实践表明，五年制高等职业教育也有一些不足之处。这些不足主要体现在以下方面：学生年龄较小，缺乏自我约束力，科学文化知识基础薄弱，因为不必参加选拔性质的考试，就认为自己不必努力就能够进入专科然后毕业，故而缺乏危机意识，在学习上有着较重的惰性和取巧心理，没有健康的学习动力和上进心。这就导致了中途辍学潮较为严重，培养出来的人才质量不高，毕业生知识技能储备不足、职业素养差等问题。为了弥补这些

① 王茹．改革开放初期我国高等职业教育的起步与发展 [J]. 教自理论与实践，2008（11）：30.

② 俞启定，何震．中国职业教育发展史 [M]. 北京：高等教育出版社，2012.

不足，需要立足宏观视角，针对职业教育整体，进行规划和考虑，融合不同学制和人才培养机制的长处，加强中高职衔接，加强日常学生管理，对学生严格要求，建立学业预警机制，培养出符合社会需要的合格人才。

除此之外，还有其他的办学方式的尝试，如1983年，一批干部管理学院成立，面向至少拥有高中学历、五年工龄，并且不足40周岁的在职管理干部，其办学上主要参考大专院校，学制为两到三年，学生毕业后回到原来的岗位。这类学校的主要是为了满足干部教育经常化、正规化、制度化的要求，而在办学方式上做出尝试，有力地促进了在职管理干部整体素质的提升。

（二）职业教育快速发展期的政策

职业教育快速发展期为1985年到1996年，分为两个关键阶段，即20世纪80年代中后期的五年和90年代前期的五六年，在这段时期内，职业教育政策发生了显著变化。人们普遍将这一时期视为职业技术教育的快速发展时期，以及改革开放后我国职业技术教育体制的形成期。在这一时期内，职业教育的发展中，政府的推动和外部的驱动发挥了重要作用，在规模方面取得了显著进展。在1985年5月的全国教育工作会议和《中共中央关于教育体制改革的决定》中，将发展职业技术教育定为教育体制改革的重点和突破点。1991年的《国务院关于大力发展职业技术教育的决定》，进一步明确了职业技术教育的发展目标和任务。1993年的《中国教育改革和发展纲要》，相对具体地明确了我国职业教育未来的发展方向。1996年的《中华人民共和国职业教育法》也为职业教育的发展提供了法律支持。在中国教育体系中，职业教育的重要性和作用得到了更为明确的认知，职业教育的基本体系框架基本形成，这是通过多次重要会议及一系列重要规划和法规所实现的。在社会主义市场经济建设的大背景下，职业教育走进了法治化道路。

1. 围绕改革大局推动职业教育发展

1984年，党的十二届三中全会通过了《中共中央关于经济体制改革的决定》实行，这意味着我国改革的主要战场在于经济方面。而后，改革领导小组组建，开始探讨的规划科技改革与教育改革，全力制定这两个领域的体制改革初步方案。在江苏、安徽等地的调研中，方案起草小组发现，苏州市于1982年实现了了初中教育的基本普及，并且初中毕业后，继续就读的75%学生中，在普通高中和职业高中就读的比例达到1 ： 1，位列全国前沿[①]。苏州市设立了专门的职业培训系统，包括以下内容：初中生在进入高中之前要接受学校安排的一年半的培训后，

① 胡启立．《中共中央关于教育体制改革的决定》出台前后[J]. 炎黄春秋,2008（12）：3.

可进入工厂工作；职业高中学生学习两到三年后，可以做技术工人；而高等职业学校学生则在三年培养后，可以做技术员或高级技工。这推动了当地劳动力技术能力的全面提高，为当地的经济和社会发展提供了强大的支持。在当时的经济建设中，苏州职业教育的建设经验作为优秀的参考，推动了国家职业教育的建设和发展，为当时的职业教育的顶层规划和设计奠定了稳固的基础。

1985 年 5 月，党中央和国务院召开了全国教育工作会议。立足历史的进程，这次会议是改革开放新时期以社会主义现代化建设为党和国家的工作重心之后，教育领域前所未有的重要会议。此次会议中，中共中央发布了多个决定，所作出的一系列决定属于高层级政策，这些决定，具有高度的权威性，明确了当时的职业教育的发展基调。会上指出："我们国力的强弱，经济发展后劲大小，越来越取决于劳动者的素质，取决于知识分子的数量和质量。一个十亿人口的大国，教育搞上去了，人才资源的巨大优势是任何国家比不了的。"[①] 此次会议中，对于发展教育和改革教育体制的重要性和紧迫性形成了充分的认知，与会者商讨并提出了教育体制改革相关的具体步骤和措施，并明确表示，必须根据社会主义现代化建设的要求变革落后的教育理念和教学手段。《中共中央关于教育体制改革的决定》（以下简称《决定》）于 5 月 27 日发布，旨在推进教育体制改革。这与之前颁布的《关于经济体制改革的决定》《关于科学技术体制改革的决定》彼此呼应，共同发挥作用。根据《决定》所述，当时实行的教育体制中必须解决的主要问题在于：一，立足于教育事业管理权限，政府在学校的管理中占有了太多的权限，导致学校不能根据实际情况灵活调整管理的机制和措施等，政府没有发挥应有的管理作用，没有实现理想的管理效果；二，立足于教育结构，职业技术教育发展不足，高等教育内部专业、学科、层次上发展不平衡；三，立足于教育的思想、内容、方法，都未能跟上时代发展，未能有效满足经济社会发展需求，未能跟上当时的科学文化发展。所以，不仅要变革教育工作中的教育理念，跟要在全社会范围内革新教育理念，破除"万般皆下品，惟有读书高"的老旧、落后思想，倡导职业平等和行行出状元的观念，协调教育体制改革与劳动人事制度改革，实现两种改革相互促进，同步开展，坚持"先培训、后就业"的原则。

《决定》中第一次清晰地提出"职业技术体系"的概念，并且要求采取中学阶段前后的分流制度。第一次分流是初升高，分为普通高中和高中层次的职业学校两个发展途径；第二次分流是中等教育升入高等教育，分为普通大学和高等职

① 朱穆之．朱穆之同志在全国图书馆工作会议闭幕会上的讲话[J]．国家图书馆学刊，1985（3）：18．

业院校两个发展途径。在五年内，实现职业学校与普通高中招生数相当，实现对当时中等教育结构不平衡、不协调、不合理的问题的彻底解决。中等职业教育是职业教育领域的重中之重，需要密切关注和适应经济社会的发展需求，针对不同地区的情况制定相应政策，最大程度上发挥中等职业学校在整体职业教育发展中的支撑和带领作用。城市的中等职业教育改革，需充分结合企业提升生产、管理技术水平以及发展第三产业的现实需要；农村的中等职业教育改革需要充分结合农村地区产业结构调整、农业发展和农民致富的需要。同时大力建设高等职业院校，一步一步构建从初级到高级、行业配套、结构合理又能与普通教育相互沟通的职业技术教育体系。这是在党的十一届三中全会以后，我国正式文件第一次提及“高等职业技术院校”，并且将之定位为高中后的、与普通教育不同，且与行业配套一种新的教育类型。

《决定》还着重表示，要最大程度上激发和调动企业、事业单位和业务部门参与职业教育的积极性，并支持集体、个人和其他社会力量参与办学。制定相关政策，推动办学主体多元化发展，为市场参与职业教育办学提供实现条件。先进的理念指导着实践活动的顺利进行，《决定》一方面延续和发展了改革开放之后的有关教育改革的思想和政策，另一方面为往后的教育体制改革提供了纲领性理论指导，是我国教育改革与发展中的一个重要标志性文件。它对现代化建设中职业教育的特殊地位和作用作出了明确，作为指导方针引领了我国 20 世纪 80 年代中后期至 90 现代末的职业教育体系的建设和健全。1986 年 5 月，职业技术教育委员会正式成立。这个机构是国家教育行政部门的咨询协商机构，主要职责在于对职业技术教育工作中的各个部委、有关部门，以及各地区作出协调，并对牵涉到多个部门关键职业技术教育问题进行磋商，提出建议、意见和方案。这些推动措施有效地推进了职业教育中政策、措施的执行，促进了职业教育的发展。政策的推出和实施，推动了职业教育事业的迅猛发展。据统计，在 1990 年至 1997 年期间，整个中等职业学校数量呈现出持续增加的趋势，1996 年中等职业学校招生数和在校生数占到高中阶段在校生的比例分别是 57.68 % 和 56.77 %，达到了最高点。职业教育经费也在不断增加，从 1987 年的 0.603 亿元上升到 1992 年的 14.21 亿元，年均递增 18.7 %，其在全国地方教育事业费支出中的比重由 3.05 % 提高到 3.65 %，基本建设投资从 1987 年的 1.27 亿元增加到 1992 年的 736 亿元。[①]1986 年 7 月初全国职业技术教育工作会议召开，由以国家教委为首的四个部委举办。这是 1949 年以来首次召开的全国性的职业教育工作会议。在

① 和震．职业教育政策研究[M]．北京：高等教育出版社，2012．

这次会议中，“七五”计划目标得以确定：所要建立的管理体制应当做到，既能方便地协调地方各方面，又能激发不同业务部门的积极性，并保障学校有相当的自主权。在国务院的领导下，教育委员会负责站在全局的视角上管理全国的职业技术教育事业，并与计划、经济、财政、劳动人事等部门协同合作，共同管理职业技术教育各项工作。但是国家教委的管理不涉及技工学校、就业培训中心和学徒培训工作，仅做出指导，这部分管理工作由劳动人事部门负责。综合来看，我国在此次会议之后形成了一个良好的态势，即从中央到地方的各个层级的党组织和政府都十分重视职业教育改革和发展，对中等教育机构进行了持续的优化和调整，进而，实现了职业技术教育的迅速进步。到 1990 年为止，在高等职业教育领域内，已经形成了三种类型的专门机构：高等职业技术师范院校、短期职业大学、五年制技术专科学校。在中等职业技术教育领域，建立了一个综合的多元化的教育体系，包括中专学校、技工学校、职业中学、职业技能培训中心和就业培训中心等各类教育机构。

2．不断深化职业教育改革

20 世纪 90 年代初，优先教育政策被升至战略高度，党和政府更加重视和大力发展职业教育。1990 年 12 月党的十三届七中全会召开，会议上实现第二步战略目标的行动纲领得以确定，这是我国社会主义现代化建设迎来新阶段的标志。这一阶段的现代化建设，党和政府关注职业教育，以一系列的政策和措施不断深化职业教育改革，这有效地提升了国民综合素质，为社会发展储备了大量人才。发展职业教育，推进教育事业整体发展，关系到国家的安定、民族的复兴、人民的福祉和下一代的培养，是一项可持续发展的事业。因为当时，我国大部分新增劳动力未经过系统的职业技术培训和教育，而是学习一般的科学文化知识之后，直接进入工作岗位，甚至有一些人完全没有接受过学校教育，在文化技术上存在一些明显不足。这些不足会对产品质量和经济效益造成影响，若是长期不解决，就会阻碍我国现代化进程。职业技术教育直接影响着生产、经济的发展，同时也与人民生活水平的提升息息相关。我们能够直接购买国外的先进设备和技术发展生产，但是劳动者素质不能如此。职业教育和经济发展的相互促进，始终是经济建设的重要部分。也就是说，实现社会主义现代化，必然要通过职业教育的现代化这一途径，这是社会发展的科学规律，并且在欧美等国家的发展实践中得到了证明。为了落实党的十三届七中全会中“关于大力促进职业教育加快发展”，必须高度重视和积极发展职业教育，这是当前必须要做的事情。

1991 年 10 月，《国务院关于大力发展职业技术教育的决定》出台，明确了国家在职业教育政策方面的发展方向，使得职业教育政策内涵更加充实和富有创新。该文件指出，为了跟上经济社会的快速发展，应当对大部分新增劳动力开展最基本的职业技术培训，针对专业和技术要求高的岗位，以有无严格系统的职业技术教育经历作为选拔标准。在 20 世纪末之前，要实现职业技术教育体系的基本框架的初步建立，并且这个体系要切合中国实际，突出中国特色，包含初级到高级的完整结构，行业配套，内部结构合理，教育形式多样，并能与其他教育相互沟通、协调发展。该文件指出了具体的政策措施的制定与实施的要点，要求各级政府负责统筹管理，推动行业、企事业单位和多方主体的积极参与、合作办学，支持和倡导民主党派、社会团体和个人在办学方面发挥作用；最大程度地利用企业资源和经验等，发挥其培养技术工人方面所具备的作用。在 1996 年，全国中等职业教育的招生规模达到了一个历史性的高峰，同时，职业技能教育和普通学术教育的招生比例第一次持平。然而，因为职业学校开办时间短、基础差、师资力量薄弱、缺乏长期投入、校企合作机制不完善等因素的影响，职业教育未能发展出自己的特色，办学质量有待提升。针对此情况，文件指出应以骨干校、示范校为切入点，带动整体办学质量的提高。1991 年后的数年间，政府全方位地评估了中等职业学校，并面向全国开展国家级的重点中等专业学校、重点职业高中和重点技校的评选。相关政策指出了职业教育发展要以评促建的方向，支持和推动主管部门为职业学校的各方面提供资金和政策扶持，从而从根本上促进了职业教育的基础能力建设。为了构建优秀的稳定的职业教育师资队伍，采取了多样的鼓励措施，包含设立职业教育师资班，让学生可以享受师范生待遇，免除学费，并设立专业奖学金制度，这些措施都有效地促进了中等职业学校和高中的毕业生加入职业技术教育事业。此外，国家规定，职业高中学生在升学方面具有与普通高中学生同样的资格和权利，录取后的待遇也相同。这为职业教育和普通高等教育之间建立了无障碍的渠道。

1992 年的南方谈话，奠定了各项事业建设和发展的方向。1992 年 10 月，我国经济体制改革的目标在党的十四大上得到了明确，即社会主义市场经济体制。这个目标的确定是我国的经济体制改革和经济发展进入崭新的历史阶段的重要标志。1993 年《中国教育改革和发展纲要》发布，该纲要对未来的教育发展趋势做了系统阐述，是党的十一届三中全会后国家层面上第一份针对未来的系统的宏观教育发展规划。《中国教育改革和发展纲要》更为清晰地对职业教育作出了定位，职业教育要为经济建设服务，要培养高素质、高技能的劳动者，职业学校与社会应加强沟通与合作，并指出当下，职业技术教育和成人教育通常需要包含行业、企业和事业单位在内的多方社会主体共同合作办学，同时也需要社会各界的支持和参与。分析政策文本可以发现，职业教育的办学主体的转变，以前主要是由政府主导、社会力量辅助，而当下更多依赖于社会力量。这标志着在举办体制上，普通教育和职业教育开始分离，前者的办学主体仍旧是以国家为主，后者的办学主体则是以社会力量为主。因为职业学校内专业、学科和教学内容中的技术等都与经济社会有着直接的联系，两者相互对接，所以其必须面向市场、面向行业，关注并及时应对人才市场的变化，并且在专业设置、招生和就业方面要拥有相当的办学自主权，弱化政府干预。职业教育的办学理念的转变影响和引领着社会发展。综合来看，在我国经济体制改革不断加深的背景下，教育改革已全面推进，职业技术教育也更加与经济社会接轨，更为市场化。因为社会主义市场经济体制的变革，中国职业教育随之开展体制改革，并成为 1992 年后的主要趋势。

3.《中华人民共和国职业教育法》提供法律保障

在多年调查研究，以及广泛征求各政府部门和社会意见的基础上，1996 年 5 月 15 日《中华人民共和国职业教育法》（以下简称《职业教育法》）得以通过，并于同年 9 月 1 日正式施行，这是职业教育政策发展中的重要里程碑，它是在全国已经初步建立具有中国特色的学历教育和职业培训并举的职业教育体系的背景下推出的。它共有四章四十条，包括总则、职业教育体系、职业教育的实施、职业教育的保障条件和附则。从内容上看，它在调整范围、职业教育体系、兴办职业教育的责任、办学条件保障与扶持等多方面对职业教育发展中的若干问题进行了详细规定和说明。该法确定了高等职业技术教育的法律地位，制定了高等职业技术学校的设置标准，构建了不同层次的职业技术教育之间，以及普通高等教育与职业技术教育之间的立交桥，对政府、社会、企业、学校及个人的权利和义务进行了明确规定，对职业教育的根本任务、办学体制和管理体制，提出了发展职业教育的方法途径，制定了职业学校的设置标准和进入条件等。

尽管《职业教育法》从实质上看是一种“宣言性”立法，但是它对新时期以来职业教育发展的经验作出了总结，明确了政府在发展职业教育方面的职责并形成规定。其职责主要分为三个方面：其一，在国民经济和社会发展规划中，针对发展职业教育做出专门论述，积极推进职业教育的改革和发展，强化统筹职能；其二，开办并建设好职业学校和职业培训班机构中骨干和示范学校；其三，全面协调和宏观管理所有社会主体举办合法的职业学校和职业培训机构。除此之外，职业教育的进步还受到了一系列相应的政策的实施的积极影响。1990 年至 1995 年的“八五”时期，不仅各级地方政府对职业教育的领导和管理不断强化，相关部委也基于行业的实际情况颁布了多项措施和规定，推动了职业教育的发展。《国家级重点职业高级中学标准》《关于加强全国职业中学校长岗位培训工作意见》《关于推动职业大学改革与建设的几点意见》《关于成人高等学校试办高等职业教育的意见》等文件，涵盖了职业教育发展的重要方面及关键领域。在这些政策保障下，我国职业教育在规模和体系建设上都取得了前所未有的成就。据统计，“八五”期间，我国中等职业技术学校持续发展，中等教育结构进一步趋向合理，到 1995 年，高中阶段各类职业技术学校在校生人数占到高中阶段学生总数的比例有所提升，办学效益有了明显提升。该时期，我国也初步建立了职业学校教育与职业培训两大体系。就职业学校教育内部而言，高职对口招收中等职业学校毕业生，实现了中高职之间的衔接和沟通，职业培训体系内也是日益完善，技校、就业训练中心、企业职工培训基地数量和质量逐步提升，职业培训能力得到了进一步的增强。在 1996 年 6 月 19 日，由国家教委、经贸委、劳动部联合召开全国职业教育工作会议，这是自改革开放以来召开的第三次全国职业教育工作会议，对进一步落实《中国教育改革和发展纲要》和《国务院关于大力发展职业技术教育的决定》，促进中国教育事业健康发展起到重要的推动作用。会议指出，作为我国教育事业的重要部分之一，大力发展职业教育从根本上是提高全民素质、开发人力资源、提高产品质量的重要举措。要不断深化职业教育改革，提高办学质量，建立与经济社会发展相适应的职业教育制度。

20 世纪 80 年代，在我国经济和科技的大发展之下，我国逐渐开始向国外购买大量先进的设备、技术和工艺，其技术含量高，要求生产一线劳动者具有更高的知识和技术水平，在这一背景下，高等职业教育应运而生。1996 年，“全国有高等职业技术学院 37 所，职业大学 73 所，高等技术专科学校 3 所，举办五年制高等职业教育班的中专学校 14 所”。[①] 为了促进高职教育的发展，1998 年“三多一改”政策发布，其中的“三多”指的是多渠道、多规格、多模式，以此“三多”发展高等职业教育，“一改”指的是教学改革，以此使高等职业教育真正具备自己的特色。1996 年 8 月，《中华人民共和国高等教育法》出台，该法案明确规定了高等学校范畴：大学、独立建立的学院、高等专科学校。这一范畴中包含了高等职业学校及成人高等学校。因此将高等职业学校明确为高等教育的组成部分。基于此法规的的领导，大量地方高等职业学校纷纷开办，在一些县市职业学校借助合作办学、挂靠等开设了高等职业班，还有一些中专被升为高等职业学校，同时，民办高校也在积极探索高等职业学校的发展道路，可以说，在全国范围掀起

① 以邓小平教育理论为指导大力发展职业教育 [J]. 中国职业技术教育，1998（11）：05.

了“高等职业教育办学热”。在20世纪末和21世纪初的几年里，高职教育经历了快速发展，不仅促进了中等职业教育的进步，还提高了服务经济和社会发展的办学水平，促进了人才供求结构性矛盾的解决。

1985年至1996年期间，职业教育事业一直稳步发展，这归因于三个外部因素的推动。第一，计划经济的惯性。这一时期虽然开始了经济体制改革，但是仍旧以计划经济为主，市场经济刚刚发展，未显示出较大的冲击力，中专、中职毕业生仍然享受统包统配，有稳定的出路，能够迅速实现社会上的向上流动。因此，中专、技校教育为学生带来了良好的发展前景，吸引了大量初中毕业生。第二，经济社会发展对高级技术人才的需求不断增长，职业高中得以不断发展，其能够根据市场变化规律灵活调整教学计划，可以为毕业生提供更多自主择业的机会。职业高中毕业生可以顺利升学或就业，为城市服务业的蓬勃发展作出了贡献，形成了一种生源的良性循环。第三，政策先后出台，为职业教育的发展提供了一系列的保障和激励，这些政策包括但不限于扩大职业教育规模，建设重点骨干示范院校，鼓励普通教育和职业教育之间的相互沟通，加强职业教育的立法工作等，这些都为职业教育规模的快速发展奠定了基础。在这个阶段，由于外部因素的驱动，职业教育的外延发展十分瞩目，但同时也暂时掩盖了职业教育内部潜在的危机。

（三）职业教育政策调整与变革

在20世纪末与21世纪初，中国职业技术教育一方面迎来了诸多机遇，另一方面也面临大量挑战。职业教育正在经历一个从计划经济体制向市场驱动机制转型的时期。在数量和规模方面，中等职业教育经历了急剧增长、急剧缩减、缓慢恢复的波动发展趋势，在这一发展过程中，很多中等职业院校因为严峻的生源问题，不得不提升办学层次，谋求发展。

随着1980年左右出生的一代进入高中阶段高峰期的到来，“自1997年开始，中等职业教育招生数在总量增加的同时，占高中阶段招生比例在不断下降，从1998年开始招生数出现负增长，1999年职业学校招生数占高中阶段的比例下跌至50 %以下。”[①] 从1997年到2001年，中等职业学校与普通高中的招生比例从62.15 ∶ 37.85降至1.58 ∶ 58.2。职业教育面临着严重的困难，突出表现在中等职业学校生源减少，比例下降，资源流失，质量降低。[②] 与1996年职业教育发

① 孙琳．社会转型与职业教育政策调整[J]．职教论坛，2006（21）：25.

② 和震．职业教育政策研究[M]．北京：高等教育出版社，2012.

展最高峰时中中等职业学校招生数占高中招生数的比例 57.68% 形成鲜明对比。

1. 职业教育发展滑坡的主要原因

首先，生源锐减，自身改革跟不上时代发展和社会需求。在职业教育的发展过程中，行业主管部门和企业扮演着至关重要的角色。1997 年 7 月起，亚洲金融风暴扫荡了东南亚各国，导致部分新兴经济体经济情况不佳。这一外部的经济政治危机也对我国产生了严重的负面影响。在经济体制改革的不断推进之下，国有企业顺应改革趋势，剥离一定社会的责任，激发发展活力。所以，与职业院校也转交地方教育部门管理，所以，行业企业开办的职业院校获得的政府财政支持受到挤压，进而削弱了行业的指导作用，给产教融合、校企合作带来了一些阻碍，削弱甚至消除了职业教育以往的有计划的人才培养模式的基础，最终导致职业教育整体发展受阻。由于经济结构的调整和优化，不少企业纷纷转制、关停并转，导致大量工人下岗，岗位的减少导致中等职业学校毕业生的就业难题。因此，初中毕业生出于对未来工作的考虑，不再将职业教育视为良好选择，职业教育生源的数量和质量都在下滑。

其次，扩大内需需要，高校持续扩招。高等教育政策的转变有其内在原因，也有外部原因。前者是国内巨大的就业压力，后者是亚洲金融危机的爆发。1994 年起，高等教育持续稳定发展，每年会根据低于 GDP 增长的两个百分点的原则扩招，但即便如此，仍旧未能充分满足社会需求。教育，尤其是高等教育，存在显著的供需不平衡的情况。1996 年，高校采取自费和公费“并轨”招生模式，以往“双轨”招生在高考招生中导致的不公平和不规范的问题得到解决，这标志着中国高等教育走向市场化。1999 年上半年，亚洲金融危机和国内有效需求不足导致了种种问题，对此，政府作出了加快医疗卫生、文化、教育事业发展，以扩大内需的决定。这一时期产生了 1949 年以来最大的突发性失业问题。随着国企改革的全面推进，许多职工会失去工作机会，同时每年都有新的劳动力加入就业市场，这进一步加剧了岗位竞争的激烈程度。大学扩招为很多原本没有机会接受高等教育而直接就业的学生提供了继续升学发展的机会，使这部分人晚 3～4 年再进入就业市场，从而一定程度上缓解了就业压力。大学扩招，能够最大程度上利用高等教育培养高素质劳动力，储备大量优秀人才，刺激消费，拉动投资，促进经济保持高速发展。由此可见，当时提出高校扩招有着直接的经济背景。①1999 年至今，高校扩招政策的实行，导致高等教育规模剧增，至 2002 年高等教育的

① 改革开放 30 年中国教育改革与发展课题组．教育大国的崛起（1978—2008）[M]. 北京：教育科学出版社，2008.

毛入学率已经是1990年的5倍左右。基本上为经济发展提供了足够的高等人才，满足了人民享受高等教育的需求，带动了国家通过国债连续投入教育120多亿，地方投入和部门投入教育150亿左右，高等教育投入大约增长了200多亿。① 事实上，这项措施确实促进了一定程度的国内消费，缓解了由于通货紧缩产生的经济增长疲软状况，同时还成功地应对了东南亚金融危机冲击。此外，这也促进了高等教育的战略转型，使其开始转向大众化教育，这是一个历史性的进程。

最后，政策不明，支持力度减小。政策方面并未明确针对当时中等职业教育的发展应采取何种措施。1998年10月的职业教育改革与发展座谈会明确表示，“发展教育要首先考虑到社会与经济的发展，制定下个世纪教育发展战略就要研究经济。就教育论教育不行，就职业教育论职业教育也不行。目前职业教育产生的波动是经济发展到一定阶段的产物，既不能惊慌失措，也不能麻痹大意。我国中等职业教育的发展，要从以数量发展为主转移到以巩固提高为主。”②1999年6月的第三次全国教育工作会议指出：“我们要在切实保证义务教育健康发展的同时，积极调整现有教育体系结构，扩大高中阶段教育和高等教育的规模，大力发展各级各类职业技术教育，拓宽人才成长的道路。”③ 而后，中共中央、国务院印发了关于深化教育改革全面推进素质教育的决定》，再次强调了高等职业教育的定位，属于高等教育。应该积极推动高等职业教育的全面发展，要重视高中阶段教育。上述政策的变化可以表明，在世纪交接时期高中的扩张占有了很多生源和资源，使得中等职业学校的生存和发展空间缩小，进而影响了职业教育的整体发展，因此政策措施也应运而生，先是“巩固提高中职”，后来则转向“大力发展高职”，旨在提升中等职业教育的办学质量。而高等教育持续扩招，人们更加倾向于进入大学和高职学习，导致中等职业教育处于较为边缘的位置，未能受到足够的重视。因为生存压力，大量中职学校着力提升办学层次，千方百计升为专科院校。同时，在1994年分税制的成功开展之下财政收入中，地方政府可以使用的部分占比降低，不得不调整财政支出，减少和取消了部分针对中专和技校的财政支持和优惠政策，就业包分配、农转非户口和补贴都被取消。自1995年起，中专学校缴费上学、自主择业的政策的影响越发显著，没有了低收费和包分配等

---

① 改革开放30年中国教育改革与发展课题组．教育大国的崛起（1978—2008）[M]. 北京：教育科学出版社，2008.

② 教育部职业教育与成人教育司在京召开职业教育改革和发展座谈会张天保副部长作重要讲话[J]. 职业技术教育，1998（21）：4.

③ 乔佩科．中国高等职业教育政策发展研究[D]. 沈阳：东北大学，2009.

福利，中专学校在招生上的优势地位丧失。大部分学业好的初中毕业生在仔细地思考后，会选择进入普通高中，进而升入普通高校来实现自己的理想。

除此之外，国际组织也或多或少地影响了中国的职业教育政策。1998 年，如世界银行在其《21 世纪中国教育战略目标》中建议适当减少中等职业学校招生人数，并逐步降低中等职业生占高中生总数的比重。这种对国内中等职业教育的发展产生了一定的影响。之后中等职业教育比重大幅下降也证明，缩减中等职业学校招生数量不符合中国国情，阻碍了职业教育的健康发展。

2. 职教政策的调整和改革

高校扩招掀起一股“高中热”，造成中等职业教育发展缓慢，针对这一问题，中央和教育部领导根据现实国情和经济发展的长远需要，开始积极思考和推动职业教育的发展。尽管推行劳动预备制度及妥善处理普通高中与中等职业学校关系的文件相继出台，旨在遏制“高中热”，呼吁大家理性看待高中教育和中等职业教育，可是，这些措施收效甚微。2000 年度教育工作会议着重提出要坚持发展职业教育，实施严格的劳动准入制度和职业资格制度，以对就业的宏观管控，助力职业教育的发展。为了稳定中等职业教育规模，促进其与普通高中的协调发展，自 2001 年起，中等职业学校并允许学生凭初中毕业证或成绩单参与招生，采取分批入学措施，推动中等职业学校招生可持续发展。

（四）新世纪职业教育发展阶段的政策

1.2002 年至 2020 年职业教育政策分析

改革开放以来，社会广泛认同职业教育在经济和社会发展及教育工作中的重要性，其战略地位提高，并得以充分体现在实际工作中。2002 年党的十六大报告中明确表示，教育是发展科技和培养人才的基石，在现代化建设中扮演了具有先导性和全局性的重要角色，应当得到优先发展。积极实施素质教育，培育大量的高素质劳动力、专业技能人才及创新人才。着重开展职业教育和培训建设，促进继续教育，建立全面普惠的教育体系。为了满足社会不断变化的需求，促进职业教育与经济社会的相互适应，国家采取多种措施，如颁布《中华人民共和　教育法》《中华人民共和　职业教育法》《中华人民共和　劳动法》等法律，召开三次全国职业教育教会议，发布《国务院关于大力推进职业教育改革与发展的决定》《教育部等七部门关于进一步加强职业教育工作的若干意见》和《国务院关于大力发展职业教育的决定》等重要文件，以加速职业教育的发展，满足人们对多样化学习的迫切需求。国家高度重视职业教育，将之视为重要战略，将加快中等职业教育的发展作为突破口。继续坚定职业教育面向全民、面向整个社会的迈进方向，切实加强职业教育的发展，并坚持以服务为中心、以就业为导向。职业教育正迎来快速发展时期，其地位更加凸显，政策更加明确，思路更加清晰，改革不断深化、事业不断壮大，使得职业教育在又好又快的发展道路上前进。

2002 年 7 月底，第四次全国职业教育工作会议，基于当时职业教育面临的问题，如缺乏多元化的办学模式、筹资渠道不易形成、未能跟上外部人才市场的变化等，纠正了“把职业教育单纯作为传统学校教育、过度学历化、企业行业不办职业教育、财政性经费不再对职教新增投入、过度依靠市场调节”[①] 等错误观念和做法，使职业教育朝着更加健康、多元化的方向发展。《国务院关于大力推进职业教育改革与发展的规定》对当时的职业教育改革发展方向作了进一步明确。首先，目标是在“十五”计划期间，初步构建出理想的现代职业教育体系，其要做到与社会主义市场经济体制相适应，与市场需求和劳动力就业密切相关，并且内部结构合理、灵活开放，具有显著特色，能够自主发展。提供了多种类型和级别的职业学校教育和职业培训，满足了初、高中毕业生、城乡新增劳动者、下岗失业人员、在职人员、农村劳动者和社会其他群体的需求。其次，职业教育管理体制。所建立的职业教育管理体制，是在国务院领导下逐步发展起来的。这个体制采用分级管理、以地方为主、政府协调和社会参与的方式来进行。加强地方级政府对职业教育的协调和领导。释放办学活力，给予职业学校更大的办学自主权，强化其办学和发展能力。再次，要积极响应社会和企业的需求，进一步推进改革。职业学校和培训机构应积极跟上和满足经济结构优化、技术发展和劳动力市场变化的趋势和需求，灵活设置专业，打造办学和教学特色。除此之外，还应加强实际操作的教学，以提升学生的职业发展技能。最后，推动“三教统筹”进展，着重推动地区和城乡职业学校之间的对口支援，提高职业教育办学整体水平。此外，还需制定严格的就业准入制度，拓宽筹资渠道，增加职业教育经费，以金融、税收及社会捐赠等途径获取更多资金支持，并提高职业教育经费的管理水平。职业教育经过国务院积极推进和协调，有效控制了原本的滑坡局面，有效扩大和提升了办学规模和层次。

2004 年 6 月，第五次职业教育工作会议中正式设立了职业教育工作部际联席会议制度。借助这一制度，各部门之间积极合作，共同研究职业教育中的重要问题，提升各个主体办学和参加职业教育的积极性，推动职业教育发展。所有参加

① 本刊编辑部．见证2002：我们眼中的中国职业技术教育亮点：事件[J]．职业技术教育，2003（3）：12–21.

会议的部委代表都一致认为，职业教育和普通教育在教育体系中都占有重要的地位，必须协同发展。因此，我们必须转变以往的“重普教、忽职教”和“重视文化知识、忽视技能培养”等陈旧观念，革新职业教育办学指导思想；由计划培养变革为市场导向；政府由直接管理变革为宏观引导；由专业学科为本位变革为职业岗位和就业本位，以此为职业教育的改革开辟新的道路。随后发布的《教育部等七部门关于进一步加强职业教育工作的若干意见》，进一步针对办学方向、人才培养方式、办学架构和布局、课程形式和办学方式等方面，给出了指导性意见。这些建议有助于职业教育深化教育内涵和突出办学特色，大力推广集团化、连锁化和规模化教学模式，获得显著的社会效益。

2005 年 11 月，第六次全国职教工作会议中着重指出，各级政府要立足改革全局，全方位地思考职业教育的发展，结合当地实际，在“十一五”规划中对职业教育事业做出科学合理的规划，在职业教育公共管理政策体系的指导下作出统筹，根据《国务院关于大力发展职业教育的决定》的要求，始终坚持以实现“扩大规模、优化结构、深化改革、提高质量、促进公平”政策目标为中心，制定行动路线和方案，创造新时期职业教育发展的模式，并形成了中国独特的职业教育办学特色。简单地说，就是要秉持一条道路，两个重点，三项制度建设，四大工程和五大计划，六大机制创新。上述理念和措施共同形成了一种推动职业教育事业可持续发展的工作模式，共同构建成制度设计框架，为相关政策的相互配合与协同提供了基础，有力地保障了职业教育在快速、健康发展之路上前进，为职业教育的改革发展提供了深刻而长远的指导。

第一，一条道路。这意味着需要找到正确的发展方向，坚持服务宗旨，坚持就业导向，在不断地试错与改正中找到一条特色发展道路。因而，一方面，需考虑中国职业教育的实际情况，扎根于中国国情，另一方面，要坚持开放包容的原则，辩证地吸收国际成功经验和先进理念，将之本土化，适应本国的职业教育需要和实际，开辟出适用于中国职业教育现代化的全新道路。

第二，两个重点。聚焦于就业导向，将职业教育教学的重点放在职业道德和实际技能上，将重点放在学生的全面发展上。这不仅是回归教育的本质，也是对职业教育“培养何种人才”的回答。“十一五”时期，就业人口达到了历史顶点，职业教育是直接连接教育与就业的桥梁，其重要任务在于满足市场对人才的种种需求，为高质量的需求方和供给方建立直接对话，为此，必须以能力为本位，切实提升学生的专业知识和技能水平，服务社会、服务市场，提供合格人才。

第三，三个制度。这三个制度是贯穿于招生、助学、实习之中的，是对“怎样去健全人才培养制度”的回答，第一个制度是改革中等职业学校招生制度，对普通高中与职业高中的招生进行统管，并且完善总之招生服务；第二个制度是革新贫困生助学制度，强化教育作为公共服务产品的公平性和普惠性的特征，扩大范围，为更多困难学生提供教育资助，提升补助标准，提供有力的资助；第三个制度是工学融合、校企合作和半工半读的改革与制度建设，构建完善的学生顶岗实习制度，在职业教育教学中实现教育与生产劳动的有效结合，依照职业教育规律，完善学生顶岗实习制度。以上三种制度建设作为政策支撑，促进了职业教育办学规模的扩大、教学水平的提高和教育公平的保障方面发挥了重要作用，其中尤其突出自身特色的在于资助与实习制度的衔接上，其坚持和践行了“以人为本”的理念，帮助学生缓解了家庭的经济负担，增强了招生优势。

第四，四大工程。指的是职业院校制造业和现代服务业技能型紧缺人才培养培训工程，国家农村劳动力转移培训工程，农村实用人才培训工程和成人继续教育和再就业培训工程。四大工程面向不同的人群，针对不同的需求，结合了当时的社会现实，坚持服务宗旨原则、适应市场变化原则、保证充分供给原则、做贡献求发展原则，在底层逻辑上，有效地找到了提升服务水平、扩张办学规模、保证人才质量的方法，不断投入资源，发展职业教育，是全面培养专门技术人才的基石。四大工程有效地促进和保障了职业教育事业的泽被全民，切实发挥了职业教育事业提高劳动者就业能力和可持续发展能力的作用。

第五，五个计划。包括“职业教育实训基地建设计划，县级职业教育中心专项建设计划，100所国家示范性中等职业学校建设计划、100所国家级示范性职业技术学院建设计划和职业院校教师素质提高计划”。[①] 协助职业院校不断强化基础能力建设，优化办学条件，巩固了提升办学水平的基础。实训基地建设和示范性项目的建设，带动了整个职业院校办学水平的稳步提升。这些建设有效地促进了职业院校整体教学水平的平稳提高。

第六，六个机制，集中表现出职业教育独特性，包括多元化的办学主体、集团化的办学模式、双证书的学生要求、双师型教师授课、订单式培养模式，以及模块化的课程设计。通过科学的机制有效地培养技能型人才，提升和激发职业教育的实力和活力。

我国职业教育在这一阶段迅猛发展，学校规模得到了迅速扩大，生源数量大大增加，同时各种改革政策和措施也在不断推出，整合、统筹城乡职业教育资源，从而全面提高了职业教育的质量和水平。这迅速逆转了以往职业教育办学规模下

① 30年中国特色职业教育的发展[J]. 职业技术教育，2008，29（30）：37.

滑的趋势，有效地满足了经济社会发展对技能型人才的迫切需求。

2010 年 7 月 29 日，《国家中长期教育改革和发展规划纲要（2010—2020 年）》发布。文件中提出教育财政性支出占国内生产总值 4 % 的目标已经于 2012 年底如期实现，为以后不断提升教育事业在国家财政支出中的比重。针对今后职业教育事业的战略目标是：到 2020 年，形成适应发展方式转变和经济结构调整要求、体现终身教育理念、中等和高等职业教育协调发展的现代职业教育体系，满足人民群众接受职业教育的要求，满足经济社会对高素质劳动者和技能型人才的需要。为了实现以上目标，提出了大力发展职业教育、调动行业企业积极性、发展面向农村的职业教育、增强职业教育吸引力等新举措，为今后职业教育发展指明了工作重点，标志着中国的职业教育更加注重抓质量、强内涵，步入改革不断深化，办学质量持续提升，基本制度建设更加规范，构建现代职业教育体系的新阶段。

党的十八大总揽全局、审时度势，针对当今世界正在发生的深刻变革对我国经济社会发展提出的新挑战，明确提出，教育是民族振兴和社会进步的基石。这对新时期教育的重要作用有了更新的概括和认识，凸显了大系统教育观，把提高劳动者整体素质和培养大量技术技能型人才作为实现我国经济发展方式转变的关键举措，作出加快发展现代职业教育的重大决策，从 1985 年《中共中央关于教育体制改革的决定》提出“职业技术教育体系的概念”，到党的十八届三中全会提出“加快现代职业教育体系建设”，标志着富有我国特色的职教理论不断成熟，同时也反映了职业教育改革的演进脉络。

为了进一步加强体系建设，国家又出台了《现代职业教育体系建设规划(2014—2020 年)》，此规划详细说明了完善职业教育体系应当采取的策略，如对在职业教育体系中的基础，也就是中等职业教育予以强化，对高等职业教育的结构做出重点调整，构建两者之间的上升渠道，强化两者的衔接，并着力培养和储备“双师型”教师，以强化师资、开发专业课程、强化校企合作等提升人才培养水平。

2019 年，《国家职业教育改革实施方案》下发，这一方案对职业教育的性质作出界定——类型教育，并详细说明了怎样适应新时代、新形势，有效地开展职业教育。该方案提出了一些具体的措施，如引入德国的“双元制”，由企业和学校一同承担人才培养任务，同时加强校企合作，注重产教融合，培养一批具有工匠精神的技术技能人才，此外还要加强制度体系建设以更好地监督并评价职业教育的发展等。所有这些措施都旨在确保国家职业教育能够顺利地发展，并为未来培养更多的高素质技术技能人才打下坚实的基础。整体上看，当时我国的职业教育已经进入了提高和完善的阶段。其中，中等职业教育被视为发展的重点，但高等职业教育的发展也备受重视。除了主张多元化的办学主体之外，还要求严格控制职业教育的教学质量，以推动其向更深层次发展。

2.2020年至今职业教育政策分析

新修订的《中华人民共和国职业教育法》自2022年5月1日起正式实施，这是该法律自面世以来的第一次大规模修改。新法结合当下职业教育的发展现状及社会实际形势，对原来的法规作出了扩充，新增了三个章节，文本长度是原来的三倍左右，内容更为丰富完善。新法明确了职业教育是一种教育的类型，并且强调了其与普通教育平起平坐的地位，都是整体教育体系不缺少的一部分，指出当下要发展的职业教育应当是多种层次、多种形式的，以政策和措施切实提升社会对职业教育的认可，不断完善职业教育体系，持续推进和深化职业教育教学中产教融合、校企合作等办学、教学模式，持续优化保障制度等。新法深刻领会和落实了习近平总书记重要指示批示精神和党中央、国务院关于职业教育改革发展的决策部署，对职业教育改革的政策措施和实践成效作出了全面、系统的总结，更加深入地健全和优化了符合新时代要求的职业教育法律制度体系。不同地区、不同机构应该根据新时代、新形势，深刻认识、理解和践行新发展理念，以构建新的发展格局为重要目的、为出发点和落脚点。深刻认识到职业教育的重要性，将之提升到更高的位置，不断学习、传达和实施新修订的职业教育法，进一步推动育人方式、办学模式、管理体制和保障机制的深层次改革。

深刻、全面地理解职业教育法修订所具有的重要意义，积极投入职业教育法的学习和推广工作。正确认识职业教育与普通教育的关系，正确认识职业教育在整体教育体系中的地位，正确认识职业教育在人力资源开发中的地位和作用，要清楚地看到职业教育在培养社会需要的各种人才，传承和创新技术技能，推动就业创业等方面发挥的重要作用。新修订的《中华人民共和国职业教育法》站在以往的职业教育实践探索的基础上，立足于当下的经济社会形势和社会主义建设实际，坚持贯彻党中央的指导和部署，对职业教育法律体系做出了进一步的完善。新法更加显著地体现了就业导向，深入融合了立德树人的教育理念，大力弘扬了社会主义核心价值观，着重培养学生的劳模精神、劳动精神、工匠精神。新法有力地促进了产教融合、校企合作的进一步深化，释放了企业作为办学主体的活力和积极性，将重点放在办学质量和社会认可度的提升，以及保障制度与措施的完善上。对职业教育的教育目标做出进一步明确，即培养高素质技能技术人才，主要分为职业学校教育和职业培训两种形式。第一次提出了面向市场、促进就业的基础原则，明确表示要下大力气发展技工教育，实现产业工人整体素质的提升。所建设的现代职业教育体系需做到：与经济社会发展需要相适应，产教融合更加深入，兼顾两种职业教育形式，实现职业教育与普通教育的彼此贯通，坚持为全民终身学习服务，并对这一职业教育体系不断完善。对职业学校学生的权益做出进一步明确，他们与普通学校学生享有平等的升学、就业和职业发展机会，并设立专章对学校、学生和企业等在实习、实训等关键环节中的法律责任做出明确说明。新法的执行，有力地推动了全面依法治教的进一步深化，促进了职业教育高品质发展，推动了教育强国、人力资源强国和技能型社会的构建，有助于加速实现社会主义现代化建设。

2022年最新版的《职业教育专业简介》（以下简称《简介》），完全体现和践行了新发展理念，为满足产业转型升级需要而服务，并展示了职业教育专业升级和数字化改造的最新成果。《简介》中对19个专业大类、97个专业类中的1349个专业作出了说明，其中，中等职业教育358个，高等职业教育专科744个，高等职业教育本科247个。《简介》的研究制定中，教育部凝聚了行业和智库的智慧，对岗位需求固化教育改革的成果做出了深入分析，组织了上万名专家学者参与其中，收集并采纳了88条来自中国科学院、中国工程院院士的建议，以及5700余条来自地方和行业部门的宝贵意见。《简介》全面地呈现了《职业教育法》的最新要求，并全面展示了各层次、各专业的职业教育人才培养要素和环境要求，同时也解决了职业本科专业简介缺失的问题。《简介》重点关注培养职业教育适应性，突显不同职业教育层次之间的人才培养定位的差异与联系，并更新了职业面向、加强了能力要求、调整了课程体系，同时新增了实习场景、接续专业、职业证书等内容。这些措施促进了职业教育专业匹配产业升级的能力与响应速度的提升，使得学校人才培养方案的制定和调整有了基本参考，使得学生未来深造获得了指导，使得校企合作获得了依据，同时使得用人单位能够按照一定的参考录用毕业生。

教育部要求各地结合实际，大力宣讲解读认真贯彻落实，指导职业院校依据新版专业目录和专业简介，全面修（制）订相应专业的人才培养方案，优化专业定位，更新课程体系，加强科学文化与专业知识教育，按要求组织实习实训。教育部将依据新版专业目录和专业简介，更新完善专业教学标准、实训教学条件建设标准、岗位实习标准等系列标准，提升职业教育办学质量，更好地服务产业发展与社会进步。

2022年9月27日，《中华人民共和国职业分类大典（2022年版）》（以下简称《大典》）审定颁布会议在北京召开。此次修订，共计新增168个职业，取消10个职业，净增158个职业。调整后，2022年版《大典》职业分类为8个大类，共计1639个职业。

2022年版《大典》的修订和审定颁布，恰逢互联网和现代信息技术广泛应用，新职业、新岗位不断涌现，职业变化的技术性和时代性凸显的新时期。《大典》修订遵循客观性、科学性和创新性原则，对2015年版《大典》确立的8个大类总体结构未做调整，但《大典》信息描述全面优化，更新了各职业、工种的具体内容，更为写实、全面、准确、客观地反映了现阶段我国经济社会和科技发展带来的社会职业发展变化，为准确统计当前我国职业基本状况变化趋势提供了重要的基础和依据。

2022年10月7日，《关于加强新时代高技能人才队伍建设的意见》（以下简称《意见》）出台，并要求各地区各部门结合实际认真贯彻落实。《意见》指出，要以习近平新时代中国特色社会主义思想为指导，深入贯彻党的十九大和十九届历次全会精神，全面贯彻习近平总书记关于做好新时代人才工作的重要思想，坚持党管人才，立足新发展阶段，贯彻新发展理念，服务构建新发展格局，推动高质量发展，深入实施新时代人才强国战略，以服务发展、稳定就业为导向，大力弘扬劳模精神、劳动精神、工匠精神，全面实施“技能中国行动”，健全技能人才培养、使用、评价、激励制度，构建党委领导、政府主导、政策支持、企业主体、社会参与的高技能人才工作体系，打造一支爱党报国、敬业奉献、技艺精湛、素质优良、规模宏大、结构合理的高技能人才队伍。

《意见》提出，到“十四五”时期末，高技能人才制度政策更加健全、培养体系更加完善、岗位使用更加合理、评价机制更加科学、激励保障更加有力，尊重技能尊重劳动的社会氛围更加浓厚，技能人才规模不断壮大、素质稳步提升、结构持续优化、收入稳定增加，技能人才占就业人员的比例达到30 %以上，高技能人才占技能人才的比例达到1/3，东部省份高技能人才占技能人才的比例达到35 %。力争到2035年，技能人才规模持续壮大、素质大幅提高，高技能人才数量、结构与基本实现社会主义现代化的要求相适应。

《意见》提出，技能人才是支撑中国制造、中国创造的重要力量。当前，我们正处于中华民族实现伟大复兴的战略机遇期，也是各类人才建功立业和大展宏图的绝好时期。创新是引领发展的第一动力，技能人才是人才队伍的第一方阵，是创新尖兵队伍，更需要在关键时期为国家强大和民族复兴带头发挥好作用。在科研人才自身建设方面，应注意坚持好正确的政治导向坚持好以人民为中心的导向，坚持好现实需求导向，坚持好“大科学”导向，坚持好知行合一导向[①]。

2022 年 10 月 11 日，教育部发布《关于进一步加强全国职业院校教师教学创新团队建设》的通知，要求各地职校要着力打造一批德技双馨、创新协作、结构合理的创新团队，加快职业教育和“双师型”教师队伍高质量发展，为全面提高复合型技术技能人才培养质量提供强有力的师资支撑。创新团队成员应包括公共课、专业课教师（含实习指导教师）和具有丰富工作经验的企业兼职教师，“双师型”教师占比不低于 50 %。成员构成要科学合理且相对稳定，充分考虑职称、年龄、专业等因素，调整比例不应超过 30 %。创新团队负责人应为专业带头人，具有较强的课程开发能力和丰富的教改经验，不得随意更换。教育部提出，创新团队建设要把模块化教学作为重要内容，将行业企业融入建设周期全过程，参与人才培养方案制定、课程体系重构模块化教学设计实施等。适应产业转型升级和经济高质量发展，按照职业岗位（群）能力要求和相关职业标准，不断开发和完善课程标准。在考核评价、职称晋升、“双师型”教师认定等个人发展，以及学历提升、境内外访学研修等专业发展方面，要将参与创新团队情况作为重要依据，优先考虑。各地各校要建立本级创新团队建设评价指标体系，对偏离目标任务、建设效果较差的，应视情取消项目承担资格。

教师团队在于发挥教师集体力量，突破教师个体能力局限，从而扩大及提升教师群体效能，增强学校改革发展能力。基于学校一般性活动分析和教师团队建设情况，教师团队大体存在三种基本类型：一是教学团队：二是研发团队；三是服务团队。显然，“教师教学创新团队”属于教学团队，审视相关政策规定与其基本含义，其大体有六个核心特征：规范性、协同性、针对性、高水平、结构化和创新性。第一，规范性指的是有特定目的的、正式的教师组织，这些组织的建立者和主导者是学校及教育行政管理部门，并受政策和制度的规范要求，与教师自发建立的兴趣组织不同。第二，协同性意味着团队凝聚力与向心力强，内部成员之间密切协作、互相支持，并且能够高效地合作完成任务。第三，针对性是指这一团队有着确定的、特殊的目标，也就是以教育教学作为重点和核心，确立了具体的阶段性的工作目标和总体工作目标，这是其与其他教师团队有所区分的关键特点。第四，高水平性，作为一个专业标准，用于教师教学创新团队专业化程度的衡量，它包括三个方面：内部成员应具备高素质；团队整体应具有高水平的专业能力；团队的工作成果应有高水平表现。建设教师教学创新团队的基本条件包括前两个方面，衡量建设成效的核心指标是第三个方面。第五，结构化，意味

① 宋圭武．坚持高技能人才队伍建设的正确导向[N]. 光明日报，2022-10-11（02）.

着这样一团队内部成员的构成应当是多元化的，以适应不同类型教育要求为目的，最好包含学校专任教师、行业企业兼职教师、理论课教师、实践指导教师、专业课教师、文化课教师专家型教师、骨干型教师、新入职教师等，从而使整体团队达到各才具备、能力互补、跨界与多元化。这是实现教学团队“教学创新”的基础条件。第六，创新性，指的是教学团队需要具备创新思维和创新能力，在教育教学领域开展研究和实践，创造出新的教学理念、课程模式、教材设计、教学方式等，这是教师教学创新团队的重要使命。

为深入贯彻落实党的二十大精神，加快推进职业教育“双师型”教师队伍高质量建设，2022 年 10 月，教育部印发《教育部办公厅关于做好职业教育“双师型”教师认定工作的通知》，主要从明确认定范围、严格标准要求、加强组织实施、强化监督评价、促进持续发展、注重作用发挥等六方面提出要求，并以附件形式明确了职业教育“双师型”教师基本标准。教育部要求各省级教育行政部门应结合本地具体情况，以及不同教育层次、专业大类等，参照制定修订本级“双师型”教师认定标准、实施办法，明确支持举措，实行分类评价，并适时调整完善。据不完全统计，截至 2022 年 10 月，全国共有福建、河南、吉林等多个省份出台职业学校“双师型”教师认定相关文件并实质性开展认定工作，为国家层面“双师型”教师认定工作实施提供了客观有效的经验参考。但是，各省在双师教师认定主体、认定对象、认定条件、认定程序等方面缺乏标准共识，缺乏与认定成果相配套的激励制度和支持政策，影响认定工作的规范运行。近年来，各地在学校办学能力达标、项目评审等多项活动中都将“双师型”教师作用发挥情况作为重要依据，需要国家层面出台一个相对统一的认定基本标准，规范认定过程实施。职业学校包括中等职业学校、专科层次职业学校和本科层次职业学校，在专业设置上又分别划分为 19 个专业大类和若干专业中类和专业，各地教师队伍整体情况也是千差万别，国家层面较难制定出一个统一的、详细的“双师型”教师标准。[①]鉴于此，我们在充分调研的基础上，借鉴职称评定工作有关做法，从国家层面出台基本标准，各地根据实际情况明确本级认定标准，学校制定认定的实施细则。

为进一步优化职业教育布局结构，全面改善职业学校办学条件，提高办学质量、提升办学形象，2022 年 11 月 19 日，教育部会同国家发展改革委、财政部、人力资源和社会保障部和住房和城乡建设部制定并印发了《职业学校办学条件达标工程实施方案》（以下简称《实施方案》）。《实施方案》提出到 2023 年底 80 %

① 健全标准体系推进“双师型”教师队伍高质量建设[EB/OL] (2022-10-28) [2023-5-1]. http：//www.moe.gov.cn/jyb_xwfb/s271/202210/t20221028_672886.html.

以上的职业学校办学条件重点监测指标全部达标，到2025年底达标比例提高到90 %以上。对办学质量差、社会不认可、各项指标严重不达标的学校将依法进行合并或终止办学。办学条件是职业教育高质量发展的基础。《实施方案》明确了职业学校办学条件达标工程的目标任务，制定了路线图和时间表，各地及相关学校要严格按照统一时间表，制定好实施方案，规划好进度，扎实推进，为职业学校办学条件达标提供新经验、做出新贡献。

《实施方案》是落实2022年《政府工作报告》决策部署的重要行动，是促进职业教育提升质量、提振形象的指导性文件，是推进职业学校办学条件全面改善的施工蓝图。落实好《实施方案》要紧扣职业学校的引导力、硬实力、软实力、推动力，以高标准办学条件促进职业教育高质量发展

其中，增强引导力，重在科学规划，推进区域职业教育资源整合；提高硬实力，重在分类发展，加强职业学校基础设施建设；提升软实力重在补齐短板，加快高水平师资队伍建设；强化推动力，重在多措并举，加大办学投入和政策供给。职业学校办学条件达标是一个基础性、系统性、战略性工程，既要整合资源、完善设施、优化队伍、加大投入，也要强根固基、提质增效、提升质量、提振形象，展现推动职业教育高质量发展的新担当新作为，为深化现代职业教育体系建设改革奠定坚实基础。

2022年12月21日，中共中央办公厅、国务院办公厅印发了《关于深化现代职业教育体系建设改革的意见》（以下简称《改革》），并发出通知，要求各地区各部门结合实际认真贯彻落实。《改革》提出，探索省域现代职业教育体系建设新模式，围绕深入实施区域协调发展战略、区域重大战略等和全面推进乡村振兴，国家主导推动、地方创新实施，选择有迫切需要、条件基础和改革探索意愿的省（自治区、直辖市），建立现代职业教育体系建设部省协同推进机制，在职业学校关键能力建设、产教融合、职普融通投入机制、制度创新、国际交流合作等方面改革突破，制定支持职业教育的金融、财政、土地、信用、就业和收入分配等激励政策的具体举措，形成有利于职业教育发展的制度环境和生态，形成一批可复制、可推广的新经验新范式。

这次的《改革》是在系统总结党的十八大以来职业教育改革发展成就基础上，对职业教育体系建设改革的进一步深化，是全面贯彻党的二十大精神、着力破解职业教育改革发展突出矛盾和问题的重大改革，是统筹职业教育、高等教育、继续教育协同创新的重要抓手，是推进职普融通、产教融合、科教融汇的关键步骤，集中体现了党中央、国务院部署职业教育改革的新主张、新举措、新机制。

《改革》树立了职业教育的新主张，破除了“矮化”“窄化”职业教育的传统认知，直击改革实践中的难点痛点问题，提出了一系列新理念新观点、新判断，极具理论与实践价值。

一是职业教育功能定位由“谋业”转向“人本”，更加注重服务人的全面发展。职业教育是促进就业的重要途径，但绝不是单纯的就业教育。《改革》重申了职业教育的定位，就是要服务人的全面发展，建立健全多形式衔接、多通道成长、可持续发展的梯度职业教育和培训体系，推动职普协调发展、相互融通，让不同禀赋和需要的学生能够多次选择、多样化成才，这对扭转社会对职业教育的鄙视，消解职普分流带来的教育焦虑有重大作用。

二是职业教育改革重心由“教育”转向“产教”，更加注重服务经济社会发展。产教融合是现代职业教育的基本特征，也是最大优势，更是改革的难点与重点。《改革》直面产教融合中的堵点问题，坚持系统思维，提出了建设市域产教联合体和行业产教融合共同体的制度设计，将职业教育与行业进步、产业转型、区域发展捆绑在一起，充分发挥各自优势，创新良性互动机制，破解人才培养供给侧与产业需求侧匹配度不高等问题。

三是职业教育服务场域由“区域”转向“全局”，更加注重支撑新发展格局。《改革》立足新发展格局，在国内国际两个场域谋划部署职业教育发展。一方面，服务区域经济社会发展，以教促产、以产助教、产教融合、产学合作，推动形成同市场需求相适应、同产业结构相匹配的现代职业教育结构和区域布局；另一方面，立足区域优势、发展战略、支柱产业和人才需求，建立健全职业教育国际合作机制，使我国职业教育从“单向引进借鉴”走向“双向共建共享”，服务国家“一带一路”倡议，服务国际产能合作和中国企业走出去，逐步形成具有中国特色的职业教育国际化发展模式。

四是职业教育发展路径由“分类”转向“协同”，更加注重统筹“三教”协同创新。职业教育与普通教育是两种不同的教育类型，具有同等重要地位，但二者不是平行更不是对立的。《改革》在巩固职业教育类型特色、提升职业学校关键办学能力的基础上，进一步明确了职业教育类型定位，统筹职业教育、高等教育、继续教育协同创新，从“不同”走向“协同”，各种教育类型优势互补、交叉融合，都服从、服务于“办好人民满意的教育”这一共同目标，服从、服务于全面建设社会主义现代化国家、全面推进中华民族伟大复兴这一共同伟大事业。
五是职业教育办学主体由“单一”转向“多元”，更加注重社会力量参与。深化职业教育体系建设改革，是一项集成工程，核心力量是建立政府、行业、企业、学校协同合作的发展机制，核心目标是完成由政府举办为主向政府统筹管理、社会多元参与办学格局的转变。《改革》从办学形式和内容上作出新部署，鼓励支持地方和重点行业结合自身特点和优势，在职业教育体系建设改革上先行先试、率先突破、示范引领。

第四节 国际职业教育政策未来发展方向与启示

一、国际组织职业教育政策对我国的启示

（一）学校与非学校职业教育和培训共同发展

在知识经济快速发展的时代，高技能劳动者拥有更多的就业机会和更高的工资收入。职业教育和培训实践对“高技能”提出的要求，具体是指职业技术人员不仅需要掌握新兴的信息技术、通信技术，而且还需要具备在新环境下解决新问题的能力。此外，职业教育和培训实践既要注重培养高技能劳动者的数量，又要兼顾培养高技能劳动者的质量。基于此，高技能劳动者需要强化自身技能素养，满足市场用人需求。与此同时，政府应该颁布或出台更多关于提高劳动者技能的政策，鼓励和支持劳动者参与职业技能和培训实践，从而优化人力资本。对于劳动者来说，面对知识经济快速发展的现状，更需要不断巩固和提升自身的知识和技能。

从人的社会化这一客观过程来看，人在参与社会实践过程中，需要及时优化已有的知识结构，这样才能适应不断变化的工作环境，满足社会未来发展态势的需要。在人的成长过程中，知识和技能经由阅历沉淀内化成为非结构化的隐性知识，这些非结构化的隐性知识会被运用在某些关键节点，并经过系统升华，最终重新与实践过程相结合，由此获得新的发展。因此，劳动者需要重视成长过程中的非结构化的隐性知识。

国际组织（如联合国教科文组织、世界银行组织等）认为，职业教育能为国家或地区带来一定的社会效益和经济效益，世界各个国家或地区应该结合本国或本地区发展实际，将职业教育纳入本国或本地区战略发展规划体系中，将培养高技能人才作为职业教育与培训实践的主要目标。根据国际组织的建议或要求，我国应该结合高技能人才的成长规律和优势特征，不断巩固和强化普通教育，持续

做好职业学校教育和在职培训教学工作，加强学校和企业和合作力度，以共同担责、共同履职的要求，培养高质量的技能型人才。通常而言，高校毕业生初次踏入社会时，常会出现“眼高手低”的问题，或者是由于学历的能力不相称、不对等，导致发生“知识性失业”现象。之所以出现这些问题或发生这些现象，是因为大多数高校毕业生缺乏相关的专业实践，处在由理论到实践（或学校到社会）的过渡阶段。因此，我国高等职业院校需要继续加强学历型职业教育，同时适时开展各类非学历职业培训。

（二）考虑到经济效益与社会稳定公平的目标

根据《中华人民共和国职业教育法》的规定，职业教育是国家教育事业的重要组成部分，具有重大的经济和社会意义，其可以有效地促进经济社会的发展，提高劳动者就业机会和就业质量。作为与经济和科技联系最为紧密的教育类型，职业教育的职业性质决定了它不仅在经济上对社会发展起到了一定的推动作用，同时也符合人的基本生活需求。职业教育是一种地方性事业，它的存在和发展与当地经济的状况息息相关。实际上，职业教育是服务于当地经济发展并促进其繁荣的产物，二者之间存在着相互影响、相互依赖的关系。

职业教育的核心教育宗旨是培养拥有技术和应用能力的人才，以支持一线生产、管理和服务等领域。此外，职业教育一直坚持以服务社会为出发点。职业教育旨在将劳动者与现代化的生产工具、先进的生产技术及现代化的管理技能相结合，以帮助劳动者快速提高个人能力和职业素养，实现真正的生产力“升级”。相反地，一旦某地方经济陷入恶性循环，产业结构无法升级换代，在这种情况下，对高素质技能型人才的需求会大大减少。一些地方的企业并未从职业教育培养人才的红利中直接受益，这些企业通常缺乏对自身发展方向的认知，因而不会自愿投资发展职业教育，这将导致职业教育与当地经济发展之间的协同作用受阻，职业教育无法与经济发展共同进步。

经济的蓬勃发展为职业教育需求的扩大提供了有效的支撑。同时，为了实现经济质量的全面提高，职业教育必须成为重要的促进力量。通过逆向思维，设立职业教育专业，针对当地的需求进行人才培养，以满足地区经济发展对急需人才的需求，让劳动者在社会经济发展中展现自己的价值和追求，获得更广阔的发展机遇，成为支撑区域经济发展的关键。因此，这种基础性支持为人才的可持续发展提供了坚实的基础。除了在为经济建设提供源源不断的人才支持方面，职业教育还能够发挥重要的作用，如维护社会公平、促进社会的稳定等。相较于其他国际组织，教科文组织与世界劳工组织更关注职业教育的社会价值，并特别强调职业教育在促进社会公正方面的作用，以及强调所追求的目标应既包含经济发展，又关注社会公平，从而达到动态平衡的效果。

在教育方面，我国实施的是分流政策，这样能够确保高中毕业生继续接受高等教育，每年有数百万毕业生得到了学习的机会。此外，政府通过发放奖（助）学金、免除学费等方式，促使更多人受益于高等教育，从而降低未经过职业培训而进入社会的风险。这些学生接受了多年系统性教育的熏陶，从而获得了自主谋生的能力，成为对家庭和社会有价值的人力资本，这表明职业教育在保持社会稳定方面发挥了潜在的作用。

此外，开展失业人员的职业转型培训和岗位培训，以及加强农村劳动力的培训和再就业培训，有助于提高劳动者的就业能力，使他们能够积极寻求、保持和变更就业方向，进而有序地进行员工和技术人员的更替。重视弱势人群，开展公益性质的职业培训项目，致力于提升每位劳动者融入社会的能力和修养，让所有劳动者获得参与共享社会发展成果的机会。通过这样的举措，可以促进社会公平、公正，为构建和谐社会做出积极贡献。在国际社会中，职业教育的两个核心方向是就业导向和以人为本。

（三）考虑到就业导向与以人为本

理想情况下，就业导向和以人为本应该是相辅相成的。根据教科文组织和国际劳工组织的理念，我国可以建立一个以学生为中心、注重职业技能培养的现代化职业教育模式，这对职业教育的发展非常关键。

正确理解职业教育的就业导向。就业是社会稳定的基石，也是保障民生的关键因素。职业教育的核心目标是推动就业、促进经济发展、维护社会稳定，使劳动者具备必要的职业技能和就业能力。劳动者能否在职场获得价值取决于多方面的因素，包括但不限于职业态度、世界观、价值观、习惯等个人品质，以及一系列与工作有关的社交和人际关系技巧、自我管理技能、决策能力，甚至是对资源的合理利用，等等。系统的教育与培训能够使普通的劳动者获得特定的职业能力，并让非技术型劳动者蜕变为技术型人才。通过这样的方式，可以促进普通的劳动者成为职业化的人才，更好地融入社会并满足自身生计需求，进而有效地推进职业教育发挥就业作用。

强调重视劳动者个体长期发展，并以劳动者个体为核心。因为职业教育具备鲜明的就业导向特征，很多人错误地将职业教育视为纯粹的就业教育。但实际上，职业教育在以人为本、促进劳动者个体可持续发展方面也发挥着同等重要的作用。教育是一种社会活动，旨在通过教育活动促进受教育者在道德、智力和身体等方面全面发展和提升。职业教育是一种教育方法和职业培训手段，它在推动社会经济发展的同时，为个人实现全面和可持续的生命发展提供重要支持。职业教育旨在促进劳动者个体在职业领域和个人生活中的成长，即职业教育的最终目的在于实现人的全面成长和可持续发展的需求，将个人的需求与社会发展的要求相结合，通过满足自身的需求来促进社会的发展和进步。

职业教育践行着个体化发展的理念，充分关注劳动者个体的个性差异与需求，为不同背景和兴趣的人提供了多种专业方向和教育形式，以激发劳动者个体的潜能为目标，同时也充分尊重每一位劳动者的个性，将劳动者个体置于核心位置。在此基础上，职业教育促进劳动者个人的职业发展和实现理想价值，让劳动者个人在适合自己特点的职业中发挥特长，实现个人价值的最大化。总之，有针对性、目标明确的系统培训，可以帮助劳动者克服在职业能力方面的不足，从而促进劳动者的全面发展，顺利实现职业转型和“升级”。

（四）坚持国家主导

政府在职业教育发展中扮演着主要责任者的角色，这一点得到了教科文组织和世界劳工组织的充分认可。在职业教育相关利益者之间，政府作为组织者和协调者的作用是最为合适的。在人才培养方面，我国政府应该充分考虑我国的国情和经济发展阶段性特征，长期贯彻国家主导的职业教育政策，坚定地走职业技能人才培养和发展的道路。秉承国家法规，吸取国际发展经验，积极推进职业技能人才培养，持续推动创新型生产体系的发展，是我国开展特色化职业教育的必然选择。

此外，加强基础教育设施建设，推行高水平的普及型职业教育，同样是助力国家发展的重要手段。为所有人提供高水平的语言、科技、数学和信息技能，以及出色的分析能力，从而为劳动者未来的职业成长奠定良好的基础。政府通过制订一系列激励措施，鼓励企业承担更多的职业技能人才培育职责，并支持他们积极开展在职和脱产培训，促进产学结合和工学结合等的实际应用，以提高职业教育水平。作为职业教育的主导者，政府有责任保证职业教育质量和职业培训效果，遵循人力资源投资回报的规律，为职业技能人才提供更多的发展机会。除了注重薪资待遇，政府还应该提供更广阔的发展空间。

二、美国职业教育政策对我国的启示

首先，要提升立法水平，合法推进职业教育系统的构建。这是在美国职业教育发展中最为有力、最为成功、最为显著的策略。美国政府能够根据社会发展的需求，在关键的历史时刻灵活地发布适应时代潮流的职业教育法案。这些法案在西方发达国家中具有代表性，并且由于数量众多、更新快、适用范围广泛，能够产生深远影响。在立法过程中，科学与人文思想不断融合，从而确保立法质量始终如一。这种立法质量表现为严谨的调查和论证，提前做好准备并及时出台政策，持续修订系列法案，勇于借鉴并不断创新，优化资源配置以追求效益，并在追求公平的同时积极关注特殊群体。

我国职业教育的法律条文存在一些瑕疵。一方面，我国职业教育法律法规的制定过程较为缓慢，并且修订周期较长，不能够及时适应职业教育的发展形势和需求。职业教育与社会经济发展息息相关，彼此之间的互动十分密切。自 1996 年《中华人民共和国职业教育法》开始实施以来，职业教育所服务的社会经济基础已经发生了翻天覆地的变化。但是由于某些因素的限制，职业教育法律法规体系建设却受到了阻碍，这就需要加倍努力、迎头赶上，以适应时代的发展需求。另一方面，关于职业教育法律法规体系相对薄弱的情况，即职业教育法律法规体系不够完备。此外，在职业教育宏观发展战略方面，缺乏科学有条理的制度群体来与之相配套，从而导致出现多种类型的职业教育问题，给职业教育实际效果的发挥带来了阻碍。为确保建立一个完整的职业教育法律法规体系，需要制定一系列旨在针对农业职业教育、残疾人职业教育、职业教育经费保障、职业教育师资队伍建设、校企合作等方面的法律法规。完整的职业教育法律法规体系共包括宏观和微观两个层面，以便于系统化地促进职业教育的发展，为中国制造业强国的长期发展目标提供更好的服务和保障。

其次，要运用科学的制度改革方式，提高法律法规的实际效果。道格拉斯·诺思（Douglas North）是新制度经济学的重要代表，在他看来，“制度是一个社会的游戏规则，更规范地说，它们是决定人们的相互关系的系列约束。在正式制度实施过程中，制度变迁往往存在两种运行方式，即诱致性制度变迁和强制性制度变迁”。[①] 可见，在实施正式制度时，通常会发生两种制度变化的情况，分别是“诱致性制度变迁”和“强制性制度变迁”。所谓“诱致性制度变迁”，是指制度

① 王为民．审视与反思：美国职业教育体系发展的特点[J]．河北师范大学学报（教育科学版），2013，15（11）：84．

变迁主体为了实现最大的潜在收益而主动进行的“制度变迁”；所谓“强制性制度变迁”，是指政府发布法令所引发的变迁模式。

美国采用了诱发性制度变迁模式来颁布各种联邦职业教育法案。此模式鼓励地方政府积极制定符合联邦发展实际的法律法规，从而为职业教育提供营利机会，促进企业等主体自发组织和实施职业教育。以《莫里尔法案》为例，美国政府通过向各州赠予土地并设立学校，鼓励各州自觉遵循联邦政府的政策要求，并要求各州在实际情况基础上高效执行职业教育政策，从而确保地方政府充分发挥职业教育应有的作用。在这个框架下，美国联邦职业教育法案将不断进行修改和完善，以支持高等和中等职业教育，每年提供一定额度的拨款。联邦政府采用引导、调整和推进的方式来改变职业教育制度，以平衡联邦和各州之间的权力关系，避免过度干预各州职业教育的发展。

州政府的资金激励计划结合联邦职业教育拨款的种子基金功能，已经取得了成功，持续地推动各州投资于职业教育领域，这为美国职业教育长期的繁荣发展做出了较为突出的贡献。在我国，改革职业教育制度通常由高层领导主导，采用的是“强制性制度变迁”模式，其相较于其他动力因素更具主导性。一般来说，这种实施模式采用命令型操作，以及由上至下、由外至内等方式达到国家强制力推动（职业教育制度改革）的目的。

为了提高职业教育法律法规的效力并更好地发挥其功能和作用，我国政府需要对职业教育立法的制度变迁模式进行适当的调整。鉴于不同的文化和政治背景，我国政府应该选择适合推进本国职业教育发展的制度变迁模式，而不是盲目照搬美国做法。为了避免在实际操作过程中出现对职业教育经费的挪用和克扣情况，我国政府可以将立法和拨款机制紧密结合起来。除此之外，还可以利用引发制度改变的积极因素，来增强制度执行的效率。

再次，要提升职业教育服务的水平，鼓励劳动者形成终身学习思想。教育的目的在于培养和发展人才，而非制造一批机械化的“人才工具”。教育是使人们具备知识和运用技巧的手段。由于劳动者具备独立思考的能力，因而教育的目标在于启发与指导他们去探索走向自我成长的路径。通过深入剖析美国职业教育的发展历程可以发现，职业教育应逐渐向广大群众开放，促进职业教育“全民化”，并更加关注个人的职业生涯发展规划和成长价值，培养具备国家意识和全球视野的现代化公民。

美国职业教育的发展已经形成了两个核心方向，它们不断交织、互相融合，由此保证了美国职业教育的质量和公平，确保人人都能获得职业教育，为他们今后更好地生存和发展提前打下根基。此外，现代职业教育的一个重要特点在于能够有效地促进社会的整合和凝聚，即团结和凝聚社会基层民众，充分发挥职业教育的社会整合功能，增强全社会的凝聚力。

建设全民学习型社会的关键，是将职业教育作为基础，这是创造技工时代和高级技工时代及新人口红利的根本途径。在美国，职业教育更加注重服务于个人职业生涯发展，职业教育不再被视为普通教育的附属品，而是成为个人成长成才的主要选择，也是追求实现职业教育、成人教育和终身教育有机结合的目标。随着形势的变化，我国的职业教育体系建设需要进一步发展思想，通过改革招生制度来招收更多适合职业教育的优秀学生。同时，还需充分考虑普通教育、职业教育和成人教育的共同发展，实施“三教统筹”，使职业教育成为人们不断进步的“加油站”。

最后，要针对产业需求调整高等职业院校的职能，以促进产业与教育的协同发展。之所以要加快推动职业教育立法进程，是因为经济的快速发展对于优秀的职业人才有着紧迫的需求。美国职业教育的各种功能不断延伸和调整，是为了适应国内产业结构的优化和升级。高等职业教育的发展历程可以被总结为一个规律性的过程，即从专注于满足工农业需求，到根据社会需求进行专业分流，再到注重社区服务。这说明，高等职业教育与现代产业发展息息相关，后者决定了前者的功能和培养目标的定位。这两者之间存在一种相互促进、互相协作的互动关系。因此，职业教育的发展应该与产业结构调整协调一致，既不能超前于经济发展，也不能落后于经济发展。

我国政府可以从美国职业教育政策的转变中汲取宝贵的经验，具体包括以下几方面。

第一，平衡国家产业改革和人才供需，充分利用职业教育对多个产业的支持作用。为了保障产业能够科学调整和发展，并且避免因第三产业在经济中所占比例不断提高而引发结构性失衡，我国政府需要确定高技能人才的培养类型、路线、标准、组成和数量。

第二，保障不同地区人才的有序流动，发挥职业教育在人才输送过程中的调节作用。我国各地区的经济发展差距，为调整职业教育政策提供了有力的支持。培养和输送职业技能人才有助于缩小区域间的经济发展差距。

第三，强调尊重个人自我实现价值的需求，在职业教育中实现个体间的协同发展。为了应对社会对多元化人才的需求，职业教育应该充分发挥在社会、社区和个人方面的作用，不断提升职业教育服务社会的能力和潜力。

第四，注重加强教育、产业、政府和行业协会之间的协作，以实现无缝衔接和协调，从而促进职业教育在社会中获得合适的地位。这需要政府、企业和行业协会等各方共同努力。

在社会发展的大背景下，美国的职业生涯与技术教育呈现信息化、富有挑战性和创新性的特征。此外，受职业教育生源特征的影响，美国的职业生涯与技术教育呈现较强的灵活性特征。接受职业教育的学生，既能从中学习各类职业技能理论知识，又能开展各类职业技能专业实践训练，为未来职业生涯提前做好准备。可见，美国的职业生涯与技术教育尤其注重受教育者的内在发展规律。

作为移民国家，美国支持多元的合理性，并追求“自由”“民主”“平等”的民族观念，推崇实用主义哲学、依法治国等理念。因此，以人口密度为设立标准的社区学院，具备强调多样化课程、招生对象多元、宽松自治管理和社会各阶层共同参与的特征。社区学院为社区各阶层群体提供了平等的学习机会，而由于这种宽松、多元、自治和个性化的学习环境，社区学院的办学质量始终无法得到提高。此外，社区学院为职业教育人员提供的薪水较低，并且难以提升职业教育人员的教学声望，因而社区学院的职业教育专业发展水平不足。最终，只会影响美国职业教育在社会上的声誉。但是总的来看，美国基于本国国情探索建立的职业教育体系，对正处于社会转型期的中国而言，具有重要的参考价值。为此，我国政府组织应该辩证看待和借鉴美国政府组织的职业教育经验，在扬弃中求发展、求创新。

三、德国职业教育政策对我国的启示

德国的制造业在德国的经济结构中占据相当大的比重，德国制造业之所以拥有较大的规模优势和质量优势，并成为推动德国经济发展的支柱产业，与德国政府颁布和实施的职业教育政策有关。整体来看，德国的职业教育与德国的制造业呈现互相影响、协同发展的关系。为更好地适应国家经济领域呈现的就业增长趋势，德国政府推出了一系列相匹配的职业教育政策。德国民众对教育的需求同样在发生新的变化，他们希望政府调整和优化职业教育政策，即将职业教育与职业继续教育、高等教育相衔接，从而适应新经济领域对各类人才的需求变化。我国政府可以根据本国国情参考德国关于职业教育的创新路径及具体对策意见，具体包含以下几点。

第一，从优化普通教育学生毕业率入手，相应提高职业教育规模和质量。特别是针对职业教育质量，如果职业院校学生无法将职业技能理论知识运用到实践操作中，那么就会大幅降低职业院校学生的就业信心。提高职业教育质量，不仅仅是职业院校需要面对的现实课题，更是相关社会机构或组织需要面对的现实课题。我国政府需要科学合理地制定职业教育政策，及时解决各类职业院校学生遇到的现实问题，有效开展职业定向辅导和服务，帮助他们树立正确的就业观念，形成积极的就业心理。尤其需要针对普通教育阶段的学生，要不断补充和完善职业教育方面的内容，帮助他们明确职业定位。

第二，持续推进困难群体子女帮扶工作。德国政府以理性审慎的态度制定职业教育政策，并从社会学和教育学相融合的角度出发，将职业教育纳入德国社会法体系中，以确保职业教育政策更加法治和规范。在德国各级政府和社会各界的共同努力下，德国国内形成了一股支持职业教育发展的强大力量。据此，我国应该持续推进困难学生帮扶工作，完善财政资助政策，不仅要面向困难学生减免学费及发放生活补助，还要相应扩大帮扶范围和提升帮助层次，使社会各界人士共同聚焦这一公益帮扶事业，推动职业教育事业的发展。

第三，建立畅通的企业培训渠道，缩短劳动者的重新就业时间。德国政府认为，应该重点关注处于正规职业教育领域外的青年求职者，这部分青年求职者由于难以有效适应现代企业的用人需求，从而成为“结构性失业者”。对此，政府、企业等有关机构，需要有针对性地对这部分青年求职者进行转岗或转行培训，以使他们获得新的职业资格，恢复至原有的就业状态。由于传统的再就业培训方案忽视了知识与实践之间的关系，并且较为注重职业性原则，认为个体是依靠职业这一载体实现发展的，因而在制定新的职业教育政策时，必须将知识、经验、思维、感悟与行动等要素融合交织，形成具有交互作用的整体性学习模式，帮助青年求职者重新获得职业能力。当前，伴随产业结构调整引起的结构性失业现象，我国政府需要切实整合各类职业教育主体组织或机构，完善职业教育模块化培训课程形式，丰富职业教育模块化培训课程内容，加强职业教育培训力度，并辅以必要的法律法规保障。

第四，以职业为导向，体现职业教育的弹性和适应性特征。遵循职业教育的职业性原则，以“职业群”为定位，夯实“职业群”的学习基础，根据劳动力市场的用人需求或标准，将工作与学习有机结合，强调“职业群”工作岗位所需的职业资格和职业能力培养。

第五，强化职业教育的基础设施建设。针对职业教育建设的硬件基础设施和软件基础设施，德国政府历来遵循规范化和标准化的原则。在德国，硬件基础设施主要发挥着提高教学质量和服务质量的作用，而软件基础设施主要发挥着形成良好职业教育文化的作用。评价软件基础设施是否发挥作用，即形成良好的职业教育文化，以是否引入和开展“双元制”为标准。德国政府开创的“以文化内涵凸显办学特色”的举措，受到世界各国的广泛关注和学习。除政府外，德国社会各界人士及相关组织机构，都极为认可职业教育文化，企业更是将能否获得“教育企业”荣誉称号作为一项竞争发展目标。这是因为形成良好的职业教育文化，可以帮助企业降低人力成本、提高生产效率、减少废品率，还可以提升企业的知名度和吸引力，赢得客户和供应商的赞誉，这些价值是无法用金钱来衡量的。

因此，我国政府要在积极推进职业教育过程中，形成良好的职业教育文化，以此提高职业教育的吸引力。此外，我国职业教育办学机构，同样需要加强软实力（即职业教育文化）建设，使全社会形成基于职业教育文化为导向的职业教育共识，从而推动职业教育在全社会的开展，这也是职业教育办学机构软实力建设的关键所在。总之，只有加强软实力的建设，才能吸引更多企业为职业教育注入更多资金，吸引全社会力量关注职业教育。

第六，将职业教育的融通性呈现出来。“国家教育政策的任务是为职业教育和职业继续教育的衔接，提供平等和等值的教育机会，强化各教育领域之间的通融性。”① 在探索职业教育后教育路径的过程中，德国政府积极拓展职业进修教育领域，同时开辟通向高等教育领域的新通道，借此说明职业教育并非终结性教育。实际上，职业教育后教育是与职业晋升相挂钩的，并且职业教育“后教育”是与高等教育融合互通的，即职业教育后教育群体经认定和折算进入普通高校或“职业类”高校。因此，我国政府可以将职业教育界定为教育类型之一，可按顺序开展更高水平的职业教育，并为职业教育提供广泛的扩展空间。

第七，完善成年人职业再教育方式。采用差异化职教政策，对不同社会群体实行由“再就业”向“再教育”转变，兼顾各类未就业群体，并使其有序融入社会。我国求职群体和求学群体占比规模较大，因而我国政府有必要建立以群体为导向的资助政策，从而增强这类群体的社会适应能力与长远发展能力。

第八，推动职业迁徙制度和教育认可政策。德国是世界出口大国，也是欧洲乃至世界范围内的老牌资本主义发达国家，受高质量产品出口的影响，德国政府积极推动职业理念“出口”战略，以实施国家间的职业教育合作为基础，将本国的职教办学经验推广至其他国家，从而实现与其他国家深度交流合作的目的。近

① 姜大源．德国职业教育体制机制改革与创新的战略决策：德国职业教育现代化与结构调整十大方略解读[J]．中国业技术教育，2010（10）：49.

年来，我国职业教育改革与不发展的一系列举措，对许多发展中国家极有借鉴意义，我们应实施职业教育“走出去”行动，扩大我国职业教育的国际影响力。

第九，强化“双元制”职业教育的优势。德国政府为使本国职业教育在国际中占据优势，继续推行“双元制”职业教育模式。具体来看，德国政府注重职业教育办学理念，认为“教育即市场”。而所谓的“双元制”，是指加强企业与学校、工作与学习的联系程度，由此凸显现代职业教育在推动科技、经济和文化发展中的作用。此外，德国联邦职业教育研究所更是强调要向世界各国输出德国的职业教育理念。对于中国政府而言，既要向全世界传播和弘扬中国传统教育文化，又要向全世界输出中国现代职业教育文化，将中国制造产品和优质职教理念相融合，通过“走出去”的方式展示中国整体实力。

第十，强化科研水平，以此提升职教整体影响力。德国政府始终坚持推进职业教育研究工作，并建立起全球独一无二的职业教育研究体系。德国政府每四年就会召开一次高校职业教育会议，以及各种研究论坛等活动。对于我国政府而言，要想创新中国职业教育体系，就要强化政策的战略导向作用，建立与之相匹配的职业资格预警系统，研究构建符合职业教育发展的质量评价体系，从而巩固职业教育决策的基础地位。此外，还要加强同社会各界的合作力度，以面向现代化、面向未来为目标，共同推进职教研究工作创新发展。

四、国际职业教育政策的未来发展方向

（一）确立以需求为导向的职业教育观

纵观世界发达国家的发展经验，我国职业教育必须采取可持续发展的模式，以此确保职业教育的发展质量和水平，使职业教育培养的人才符合各行各业的用人需求，最终体现职业教育的价值。正如联合国教科文组织强调的那样，“技术和职业教育与培训计划不仅是靠需求驱动的，而且还应当为发展需求驱动。”[①]据此可知，我国政府需要积极探索提高职业教育质量的路径、改革职业教育体系、优化职业教育投入产出效率、构建职业技术发展与终身教育相结合的体制机制。

职业教育是开启人生就业的“密钥”。现阶段，职业教育已然成为解决就业难题的重要手段，而确立职业教育发展目标旨在提升受教育者的职业技能素养，使受教育者从“学校人”转变为“职业人”。

① 科林·N鲍威尔．联合国教科文组织（UNESCO）21世纪第一个10年的技术与职业教育计划[J]．中国职业技术教育，1999（9）：52．

职业教育有利于打造新形势下的创业环境。不同于以往传统的就业观和发展观，创业观得到多数高等职业院校学生的认可，他们期望通过自主创业实现人生价值追求。而在社会转型的背景下，高等职业院校学生拥有的创新思维和创业观念，对于开创新型岗位、带动社会就业等均具有重要意义。尽管高等职业院校学生较为缺乏系统性的理论知识，但是他们仍然可以发挥自身的创造潜力。因此，高等职业院校有必要深入开展创业教育，引导学生构建终身性、兼容性的职业学习体系，为学生未来的职业发展打下坚持基础。

职业教育为建设可持续发展型社会提供了保障。伴随全球化发展愈演愈烈，世界各国都在着力探索建设可持续发展型社会，职业教育作为实现可持续发展型社会建设的重要手段，要求政府必须加快培养具有高度责任意识的职业技能人才，使其具备面向未来的视野和素养，这是实现技能型人才长远发展的关键因素所在。

职业教育是终身学习的教育。只有终身学习、终身受教育，才能更好地终身就业。由于工作的目标、内容、组织、方式及其工具的迅速变化，未来的就业并不是一蹴而就、终身不变的，而是随着形势的演变需要不断地加以调整完善的，而人的教育也不再是一次性的事情，职业教育也仅仅是一种阶段性的教育，早已经被融入终身教育体系中，这种观念促使职业教育将会有向上发展地渠道和空间。

职业教育面向社会各阶层群体开放。社会各阶层群体都有接受职业教育的基本权利，这是获得就业机会和实现生存发展的保障。现代职业教育理念强调凝聚和整合社会各阶层群体的力量，这些新理念渐渐深入人心，变成真正的全民教育，职业教育成为全民终身学习的机会，可以真正地提升全民族的素质。

（二）构建开放运行的职业教育体系

纵观国际范围内具有职业教育特色的职教体系，均呈现开放灵活和多元化的特点，并且指向职业教育和职业培训这两大范畴。因此，非正规教育与正规教育均具有重要的存在价值，成为世界教育发展的一大趋势。传统的普通教育的那些判断标准不能被套用到职业教育的价值定位上。职业教育体系，在运行机制、管理方式等方面都呈现出多样性特点。

首先，是机制方面，鉴于各国国情、文化传统及价值观各异，办学模式呈现出多元化趋势，但总的趋势和特点是校企合作、工学结合。无论是德国、奥地利、瑞士、比利时等国的校企合作“双元制”模式，日本、美国的企业职业教育模式，俄罗斯、广大发展中国家的学校职业教育模式，还是澳大利亚、英国的现代学徒制模式，各国的职业教育发展中，国家都在其中发挥了非常重要的主导作用。

其次，是管理方式方面。由于政治制度、经济发展阶段和改革目标差异，导致管理方式多样化，各国差异性很大，但都呈现了随着经济形势发展变化不断进行中长期调整完善的特点；职业教育不完全是公共产品，不可能全部由政府来买单，需要其他力量加盟其中，实现多方共赢，这就需要调动起政府、企业、社会团体、私人及接受教育或培训者本人对自身职业教育投资的积极性。

最后，办学层次上，呈现多元化的态势，向纵向延伸，各国已经呈现出来初、中、高不同层次职业教育“竞相争艳”的局面。

（三）开展协同运作的跨界研究

职业教育领域涉及经济发展、政治文化、教育动态、社会转向、心理认同等诸多相关领域，要想真正地把它给弄清楚，找到其中发展变化的规律，需要跳出单纯的职业教育的视域，以更为广阔的眼界来看待它在人类社会发展演变中的重要作用，这就需要由一种跨界的分析视角来重新审视职教的特点和走向。在这里，可以说，跨界是事物的一种客观属性，整合则是主观行动，跨界是哲学思考，整合则是实践方法；跨界是整合的前提，整合是跨界的延续；跨界是理论指导，整合是实践行为；跨界是思维框架，整合是思维实践。把职业教育当作一种教育类型，已经是大势所趋，应融合多种学科的知识，以更加宏观的视野看待职业教育研究。

首先，出于对治理现代化时代背景下人们对智库的需要，建设高水平的职业教育研究机构在各国甚至是国际组织内部都受到极大的重视。这对各国职业教育治理发展是非常必要和关键的。尤其是在德国，从事职业教育研究的专门机构数量多、质量高。在德国，联邦职业教育研究所是联邦政府一级机构，有着很高的权威性，在两度修改的《联邦职业教育法》中专门明确其法律地位，其所长由总统任命，研究人员具有“间接公务员”待遇，人数超过 500 人。由此可见职业教育研究在德国地位之极高。①

其次，由于职业教育面对的经济领域的变化日新月异，经济发展是科学、技术、政治、社会、人文等各个方面发展综合集成的结果，这就意味着与经济领域紧密相关的职业教育，其所涉及的领域必然要跨越教育学、经济学，以及科学、社会和哲学等学科。它有别于传统的普通教育学的相对稳定性，也不同于经济、科学和社会学研究的纯粹专业性，职业教育的发展必然会随着它所密切服务的社会领域的改变而不断地创新和演变。无论是职业教育功能的扩展和延伸，还是职

① 姜大源．德国联邦职业教育法译者序[J]. 中国职业技术教育，2012（10）：71—88.

业教育目标（如职业综合能力培养与发展需求研究）的确立和完善，还是与职业教育学科相关的研究，都开始了系统整合实践与理论的协同研究，这对这类领域的科学发展有着至关重要的风向标作用。

最后，与国际组织一道，很多国家集成性职业教育科研成果的扩散也无形中助推了职业教育事业的高端运行和发展，比如说职业教育研究交流平台的广泛建立，使得一些重点、难点和热点问题引起大家的关注，群策群力，集思广益，纷纷从不同视角提出可行性意见和建议。

（四）建设国际化合作的职业教育网络

经济全球化的趋势致使全球范围内各国都要随之进行不断的产业结构调整，内生动力和外来压力融合在一起，促使各国都在努力探索新的发展形势下经济增长方式的改进和完善。在发展经济的同时，高端技能型人才也会出于对自己个人价值和发展需求的考虑实现更大范围内的流动和迁徙。人才成长虽然在不同国家有着不同的轨迹，但其成长的规律是相通的。职业教育领域人才的成长与所在国文化基因确实有着一定关联性，但全球范围内协同治理的态势使得很多一国之内富有创意的东西能够很快被推广出来。为了共同的人类进步的大目标，各国需要以开放包容的心态去积极发展双边、多边的职业教育治理方面的精诚合作，需要从全球范围内去密切关注国际的、洲际的、区域的职业教育发展概况，用来适应全球化背景下国际职业教育的合作网络和高效的运行机制。

首先，可以借助多边国家组织来开辟新的国际合作领域。通过促进彼此利益和相互理解为目标的国际机构，如联合国教科文组织、世界银行和国际劳工组织等，通过国际组织自主开展的、多边开展的职业教育合作和交流，互通有无、取长补短，努力搭建因职业教育共同协作而构成的人类命运共同体、利益共同体。

其次，双边政府机构也可以大力寻找新的国际合作模式。互联网时代的来临，已经紧紧地把全人类联系在一起，国家之间的距离无论从地理上还是心理上都已经相对缩短。在世界文明多样化的今天，彼此尊重、包容，相互学习，共同提高已经成为各国的共识。因此，继承和发扬人类共有的或者共识的文化、教育、科技、经济领域中的有价值的成果，可以更好地促进国家之间的双边合作，加深彼此之间的感情，极大地丰富了职业教育国际合作网络的内涵。这样，国家之间的深度交流有利于更新员工和管理者的能力、视野和思维，有利于促进创新并且为学习者成为国际公民做好全方位的准备。

综上所述，可以发现，随着社会的快速进步和发展，职业教育已经跨越了学校这堵“围墙”，改变了“往往认为只有学校和实验室才是知识产生的圣地，知识的转换只能是从学校到企业的单向转换：而现代观点则认为，企业及工作过程更是知识产生的摇篮，知识的转换更多的是学校与企业之间的双向转换。”[①]的观点。故此，要对职业教育的现代作用有更深、更全面的认识，即校企合作、工学结合的职业教育，不再是传统意义上的学校式教育，是有着两个或者三个甚至更多学习地点的“行动式”教育，它应该具有全新的话语体系、自我创造能力。这样更符合现代社会治理发展的动态，有机地吸引更多的力量参与其中，通过全面、谨慎、科学地社会论证和认证，经过严谨而合理、系统地顶层设计，从而形成一个涵盖普通（高等）教育、（高等）职业教育及与之等值的学历（学位）资格与职业资格（包括通过正式或者非正规学习获得的资格）的国家资格框架，进而在这个国家资格框架内，实现各级各类教育真正意义上的等值。这样，就需要更多创新的思维、行动和研究去推动职业教育政策的良性发展，产生更多的符合社会发展潮流的新成果，为全民素质的不断提升做出职业教育应有的贡献和努力。

① 汤瑞丽．工业4.0时代技术技能人才培养的对策研究[J].湖北成人教育学院学报，2015，21（6）：25.

第三章　现代职业教育师资的培养

本章主要讲现代职业教育师资的培养，主要介绍了职业教育师资培养的分析框架、我国现代职业教育师资培养的基本要素、我国现代职业教育师资培养的主要特点、我国职业教育师资培养的改进对策四个方面的内容。

第一节　职业教育师资培养的分析框架

一、职业教育师资培养专业化

如今，世界各国都将实现教师专业化作为教育改革的重点内容。实际上，教师专业化至今已有百余年的发展历史，教师专业化的概念也由社会学意义向教育学意义过渡。教师专业化，具体是指教师对自身提出的专业化发展要求，实现教师的专业化发展具有重大意义。为此，开展职业教育必须首先重视师资培养。从本质上来看，职业教育对教师提出的专业发展内涵，与普通教育对教师提出的专业发展内涵不同，并且由于职教教师和普通教育教师的社会地位差异，必须培养职业教育师资的专业化能力。

（一）教师专业化定义

1. 专业

“专业”（Profession）一词，最早是从拉丁语演化而来的，其代表的文化内涵在不断变化。在早期，“专业”偏向社会学概念。法国社会学家涂尔干 1893 年在《社会分工论》中专门讨论了社会分工与职业问题。针对“专业”概念的不同理解，社会学家弗雷德逊（Freidson）总结了两种看法：第一种看法，专业是一个较宽泛且具有一定威信的职业群体，该群体成员都接受过某种形式的高等教育，成员身份的确定主要根据学历而不是他们专有的职业技能；第二种看法，专业是一个有限的职业群落，这一群落中个体都有特定的、或多或少类同的制度和意识形态属性。只有这第二种理解，才允许将“专业主义”（Professionalism）作为一个职业发展的模式[①]。

对于成熟专业究竟具备哪些相似的而有普遍意义的“专业特质”，研究者给出了不同的说法。如有的学者认为，判断一个职业是否为专业，需要关注四个方面的问题：第一，指导其实践的理论和技术水准；第二，对其活动的垄断程度；第三，社会对其承认的程度；第四，其组织化程度。[②]也有学者在总结了不同研究者提出的专业属性后，进一步提炼出了判断成熟专业的六条标准：一个正式的全日制职业；专业组织和伦理法规；知识和教育；服务和社会利益定向；社区的支持和认可；自治。专业标准确定后，人们根据专业标准将专业从众多普通职业中区分开来，把不同职业从高到低进行排序。专业不仅涵盖了统一的专业人员的身份，还包含了排他性的市场保护。

2．专业化

所谓“专业化”，是指职业群体由非专业向专业发展的过程。任何新兴职业都要经历一个专业化发展的过程，从而具备为社会认可或接受的特质，最终取得相应的社会地位。如果以社会学视角分析专业化特征，那么专业化就是职业群体获得社会地位的必要手段。可见，任何新兴职业只有在经历漫长的专业化发展过程后，才能体现专业的内涵和特质。

3．教师专业化

所谓“教师专业化”，是指教师职业群体专业化发展的过程。《国际教学与教师教育百科全书》是这样解释“教师专业化”的，即“教师专业化是职业专业化的一种类型，是指教师个人成为教学专业的成员并且在教学中具有越来越成熟的作用这样一个转变过程”[③]。可见，“教师专业化”的内涵本质上与“职业专业化”的内涵没有太大区别。而根据中世纪时期一些欧洲国家的学校出现的教育模式可知，专业主义与高等教育学校存在密切的关系。此外，在19世纪中后期，伴随研究生教育的蓬勃发展，美国的一些高等教育学校相继开设以特定职业为服务对象的专业学院。总之，在专业教育不断演进的背景下，培养师资力量的专业院校相继出现，这也更加表明教师职业不断朝着专业化的方向发展。

---

① FREIDSON E.Professional powers：the study of institutionalization of formal knowledge[M].Chicago：University of Chicago Press.1986.

② 操太圣，卢乃桂．伙伴协作与教师赋权：教师专业发展新视角[M]．北京：教育科学出版社，2007.

③ DUNKIN M J.The international encyclopedia of teaching and teacher education [M].Oxford：Pergamon Press，1987.

二战后，为了提高教师质量，教师专业化运动逐渐兴盛起来，“教学工作是否是一门专门职业”“教师是否是专业人员”等问题，成了讨论的热点。1966年，联合国教科文组织在巴黎会议上发表《关于教师地位的建议》，明确指出，教育工作应被视为一种专业，这种专业要求教师经过严格且持续不断的研究，才能获得并维持专业知识和专门技能，从而提供公共服务。可以说，这是第一次国际教育学者和行政人士对各国教师地位给予的专业认可。[①]1993年，我国颁布的《中华人民共和国教师法》对“教师”的概念做出清晰的界定：“教师是履行教育教学职责的专业人员，承担教书育人，培养社会主义事业建设者和接班人、提高民族素质的使命。”这是我国第一次以法律文本的形式界定了教师职业是一种专业化职业。

（二）教师专业发展是教师专业化的核心

尽管教师专业化运动已有上百年的历史，但令人遗憾的是，在追求职业专业化的过程中，教师并未获得与医生和律师同等的专业地位，仍然被视为一种“成熟专业”，甚至是介于普通体力劳动者之间的职业形态，带有鲜明的“半专业”或“准专业”特征。而影响教师专业化发展的最主要因素，就是教师这一职业所具有的“专业特质”，即教师对教育活动、教育结果的理解，以及产生的行为方式。职业的社会声誉、经济地位和政治权力与其专业化程度成正比，即专业化程度越高的职业，其社会声誉、经济地位和政治权力就越高。对于“准专业”的教师职业来说，要想实现“专业化”，就必须将成熟专业的特征作为参考标准，通过达到教师职业各项指标的要求以实现专业化发展。

实际上，教师职业专业化发展的逻辑，与特质模式专业化的本质特质相符，也就是聚焦研究专业的组织形态特征。相关研究表明，正是在以医学教育模式和法学教育模式为代表的专业教育的推动下，才产生实现教师专业化发展的呼声。因此，通过总结以医生和律师为代表的专业组织形态的基本特征，成为教师这一职业实现专业化发展的依据。但是，如果站在专业社会学角度思考，教师专业化所追求的是“外在的特质”，即只是注重专业形式，而较为缺乏对本职业内容的细致推敲和精致构建[②]，结果就会导致教师职业角色的异化，最终影响整个教师队伍乃至社会整体的发展，对教学行动改革也无法产生任何实质性的帮助。

① 操太圣，卢乃桂．伙伴协作与教师赋权：教师专业发展新视角[M]．北京：教育科学出版社，2007．

② 操太圣，卢乃桂．论教学专业化的理论挑战与现实困境[J]．教育研究，2005（9）：36—41．

探索实现教师专业化发展的可行性路径，应明确教师或教学的属性特征，即教师或教学是作为技艺型专业而存在的。相较于医生、律师等部分职业，实现教师专业化发展关键是要培养教师的技艺素质。教师专业化研究注重将外部的评价标准同教师内在的专业伦理、知识与能力整合到教师培养和培训的过程中。[①]随着社会对教师素质要求越来越严格，以及教师专业化理论不断深化，相关研究者认为，教育学为研究教师教学专业能力、专业知识和技能发展等提供了理论支撑。具体来看，教育学研究者更倾向于研究教师个体的内在专业特性，这与社会学研究者强调从社会学视角研究教师专业化存在本质区别。据此可知，研究“教师专业发展”，应重点研究教师个体的内在专业特性（如专业知识、专业技能、专业情意、专业发展意识等）是否实现由低到高的发展，进而符合教师专业人员的标准。

在社会学层面上，教师专业化的关注点在于其与成熟专业的社会地位的等同性，而在教育学层面上，教师专业化则重新聚焦于教学领域，以探索教师内在的专业提升。综合静态角度与动态角度研究“教师专业化”的过程，即教师个体是在严格、专业、系统的训练和自我学习的作用下，逐步实现专业化发展的过程。该过程要求教师个体付诸实践，学会合理利用包括职前教育和在职培训条件等在内的外部环境。

总之，基于教育学的框架和动静态结合的视角研究“教师专业化”，应将重点放在关注教师个体内在专业发展这一议题上，探讨实现教师内在专业性的教育学意义。而在教育学领域中，“教师专业发展”所指的就是教师专业化这一重要方面。

（三）职教师资培养专业化是职教教师专业发展要求

在教师专业化议题发生转向的背景下，从20世纪60年代开始，世界各国的教育改革共同聚焦于“教师专业发展”，由此也引发关于促使职业教育教师专业发展的讨论。由于职业教育教师从属于教师队伍体系，因而要从教师专业发展角度讨论职业教育教师专业发展。但是，职业教育教师的职业特点是不同于其他类型教育教师的职业特点的，不能仅认识了解职业教育教师共有的教师职业特征。如果回望职业教育师资培养的历程，则不难发展，在工业化经济背景下，技术型劳动力的稀缺和社会秩序不断演变带来的社会融合需求，推动职教师资培养的专业化发展。

① 荀渊，唐玉光．教师专业发展制度[M]. 北京：教育科学出版社，2011.

职业教育教师的“职业性”，体现在职业教育教师在提升劳动力职业技能方面的作用，这也是区分职业教育与普通教育的重要依据。职业教育教师专业发展的具体表现，即职业教育教师的教育教学能力；而对于职业教育教师专业发展内涵的思考，则需要讨论职业教育的效果。职业教育教师的教育教学能力，具体包括职业教育教师个体的知识素养，即掌握的普通教育学知识、教学论知识、职业教育学知识、职业教学论知识、普适性专业科学知识和学科结构知识、特殊职业运作过程知识等。

因此，许多国内学者将“职业教育教师”定义为“双师型”教师，他们不仅掌握师范技能，还精通专业技术，这已经成为职业教育教师专业发展的共识。可见，职业教育教师专业发展的内涵不同于普通教师专业发展的内涵，这就要求职业教育师资的培养必然走向不同于普通教育师资培养的专业化[①]的道路。

师范教育的兴起催生了师资培养专业化的发展，这一趋势在历史长河中得以延续。自 19 世纪起，具有专业组织性质的师范教育趋于成型，如美国于 1839 年创办的第一所师范学校、英国于 1840 年创办的师范学校、德国于 19 世纪初创办的教师教育等。如今，世界各国的教师教育呈现高度组织化的特征。在传统观念中，教师仅是作为职业而存在，师资培养的目的也仅限于更好地给学生讲授学科知识。这种传统观念难免具有局限性，即认为教师教育是一种定向的教师职业教育，师范学校的学生未来从事的职业也必定是教师，因而必须具备较强的学科专业知识。而在教师专业化议题发生转向的背景下，教师教育的内涵和性质也随之改变。从 20 世纪 50 年代开始，世界各国通过建立严格的教师教育要求（如教师教育认定标准等），以此提高教师个体的内在素养。

正是在一系列的教师教育要求下，在当今时代，教师必须接受较为严格的专业化训练，系统掌握教育知识和方法（如学科专业知识、教育教学方法等），教师教育逐渐走上专业化发展道路。教师专业化与教师教育专业化是存在交叉联系的，教师专业化完成教育学意义的转变后，相关研究者更加关注教师的教学工作，并将教师专业发展作为教师专业化的中心议题。此外，教师专业化的过程是对教师职业专业化的要求，虽然传统的教师教育更加注重呈现职业定向型的教育形态，但是在教师专业发展成为教师专业化的中心议题后，教师教育必须从解决教师内在专业问题入手，实现专业化发展。

结合上述分析，教师教育专业化是实现教师专业发展的必然要求，职业教育

---

① 此处的“专业化”不同于前面所述的“非专业或者不成熟的职业群体向成熟专业发展、转变的过程”，而是特指“区别于其他的、专业的、专门的、系统的”等意思。

教师要想实现专业发展，同样需要从职业教育师资培养专业化入手。而由于职业教育教师专业发展内涵不同于普通教师专业发展内容，二者在地位关系上同样存在差异，因此就必须强化职业教育教师教育专业化发展要求。具体来看，职业教育教师教育应该以职业教育教师专业发展特点与规律为依据，组织相应的课程内容，采取特定的培养方式，进行针对性的培养，这是其他教育类型所不能替代的。[①]

二、从知识论看职业教育师资培养专业化

如今，世界各国都在加快教师教育改革的步伐，针对师资培养的形式也在朝“专业化”方向迈进。但是，在实现师资培养专业化之前，必须理解教师专业发展的内涵，避免出现“重形式、轻实质”的问题。此外，重点关注教师的实践知识素养，有效把握师资培养专业化的内在实质。20 世纪 80 年代，舒尔曼（Shulman）提出的 PCK（学科教学知识）理论，为相关学界研究师资培养专业化议题提供了支持。在舒尔曼看来，教师的实践教学能力是教师实践知识的核心内容。基于此，笔者认为有必要详细讨论 PCK 理论对职教师资培养的影响和作用，并总结提出 VPCK 理论。

（一）师资培养专业化要关注教师实践知识

教师专业发展与师资培养专业化存在相互衔接的关系，即师资培养专业化是推动教师专业发展的前提条件，也就是师资培养专业化就是为教师专业发展服务的。如今，学界对教师专业发展的研究不断加深，对教师专业发展也有了全新的认识。在此背景下，要求改革教师教育专业化就成为现实呼声。举例来看，世界各国的高等院校均会设置与教师教育相关的专业及课程，并据此提出相应的培养目标。同样，世界各国的高等院校也会成立教育学院、教育研究生院等，凸显各院系的地位平等关系。当受教育者完成专业及课程的要求后，他们会被授予教育学士、硕士和博士学位，以表明在该专业学位、学历与其他专业学位、学历的均等关系。

除了有形的机构设置以外，教师教育专业化还包括无形的制度设计，如制定教师资格认证标准、建立教师资格认证考试制度等。[②]

同样，在推进职业教育教师教育专业化进程中，世界各国的高等院校会成立职业教育师资培养院系，并增设与职业教育师资培养相关的学位，构建层级分明

---

① 贺文．职教教师教育的反思与建构[D]．上海：华东师范大学，2007．

② 许凤琴．教师教育与教师专业化[J]．高等师范教育研究，2003（3）：7–11．

的职业教育教师资格制度等。由此可知，教师教育专业化发展的结果，即教师专业教育逐渐与学科教育相分离，任何年龄、阶层的受教育者都可学习教育理论和教育原则。

实际上，教师专业教育与学科教育相分离的表现是多方面的，如教学机构、教学运行机制、教学安排等，同样，由于二者在课程内容方面的分离，按照教育思维组织的教育科学课程和学科课程无法有效联系。

近年来，世界各国皆陆续出台有关教师教育的宏观政策，旨在促进教师教育专业化平稳运行发展。我国早在20世纪90年代就开始实施教师教育职前职后一体化政策，并且支持各高等院校尤其是综合性院校开展师资培养，提倡构建多元化的师资培养体制。为扩充师资人才储备资源，部分高等院校会鼓励非师范专业学生学习教育学课程，在通过相关考试后还会为其颁发教师资格证书。不同国家出台的教师教育宏观政策，对本国的职教师资培养产生影响。由此，职业教育师资培养逐渐朝“专业化”方向改革。但是，职业教育师资培养改革缺乏内在的“专业化”内涵，只是流于外在的“专业化”形式，如只是针对机构设置、宏观体制改革等。

要想把握师资培养内在的“专业化”内涵，关键是要准确把握教师专业发展的内涵，即教师实现专业发展的基础条件。教师专业发展涵盖多种基础，如思想基础、素质基础、知识基础、能力基础等。其中，知识基础是教师专业发展的关键，原因在于：教师的知识素养决定教师的教育教学质量。因此，教师需要不断深化自身知识素养，更好地实现专业化发展。

由于教师专业化与师资培养专业化之间具有衔接关系，因而教师专业化发展的知识基础是实现师资培养专业化的关键。专业知识是教师专业发展的知识基础。所谓专业知识，是指职业群体具备能够反映自身职业实践活动内涵和规律的知识。专业知识并非仅由各种教育教学理论知识组成，教师如果仅是学习各种教育教学理论知识，那么就会对教学行为产生不利影响。此外，如果仅是根据特质理论比较分析教师与医生、律师的特征差异，那么就会容易忽略教师教学专业知识基础对教师专业发展的影响。

尽管教育学界不断研究总结教育理论和教学原则，但是由于教学活动呈现的复杂性特征，这些教育理论和教学原则并不能完全发挥作用。这就表明，除教育理论和教学原则的指导外，教学活动还需要获得教师实践性知识的支持。通常而言，教师的实践性知识包含两部分，即显性知识和隐性知识。教师实践性知识具有支配教师思想和行为的作用。

教师的实践性知识，建立在教师的主观知觉和个体经验的基础上，具体运用在教学情境中产生的实际事务，旨在解决教育教学问题和诠释教育教学意义。概括来讲，教师的实践知识本质上是服务于教学活动实践的，它可以帮助教师解决“怎样教（教学活动）”的问题，该过程能够体现教师的发展个性，因而成为教师专业发展的“建设性”工具。与教师学科知识、教育理论知识、教学技艺等相比，教师实践知识对教师教学活动的影响更大，是实现教师专业发展的知识基础。

结合上述分析，教师教育或师资培养要想朝专业化方向迈进，就应该注重个体内在的专业发展，将知识基础作为实现专业发展的根本立足点，将实践知识作为实现专业发展的知识基础。总之，明确教师教育改革的现实出发点，即教师的知识基础，重点关注教师所掌握的实践知识，实现教师教育或师资培养的专业化发展。

（二）师资培养专业化的新视角

培养教师的实践知识是师资培养专业化的最终目标。然而，实践知识本身就属于相当复杂、相当丰富的类别。部分学者通过分析教师的实践知识结构，认为实践知识具体包含六大方面。第一，教师的教育信念，它主要反映为教师内心形成的价值观念，以无意识的经验假设支配教师的主体行为；第二，教师的内在知识，它主要涉及教师的自我概念知识、自我评估知识、自我教学效能感知识和自我调节知识等；第三，教师的人际知识，它主要是指教师对学生的感知或了解程度，教学的热情和激情等；第四，教师的情境知识，它主要经由教师的教学机制得以体现；第五，教师的策略性知识，它主要是指教师由教学活动认识总结的教学理论，即教师的个人经验和思考；第六，教师的批判反思知识，它主要体现的是对教学活动的反思。

教师实践知识涵盖的各部分知识内容，存在相互交织、相互渗透的关系，而各部分知识内容又存在强度和理论的差异。例如，教师实践知识中的策略性知识，实际是对学科教学知识（PCK）的整体理解，该知识用于指导实践教学，成为构成实践知识体系的关键。

“学科教学知识（PCK）”，最早由美国教育学家舒尔曼在1985年的全美教育研究协会（AERA）中提出。而后，舒尔曼通过整体演讲内容，撰写了《教学中的知识增长：当前的理解》，以及《知识与教学：新的改革的基础》。其中《知识与教学：新的改革的基础》是舒尔曼代表作品。他提出的“学科教学知识（PCK）”假设，即教师应该掌握的知识，对教师的专业发展产生了深远的影响。

PCK 的提出源于舒尔曼对于历史和当代研究的深入探讨，旨在回答教师在知识和技能方面所面临的问题。在他看来，教学研究在很长时间内都忽视了教学范式，研究者虽然探讨了教学的一般性问题，但却未能深刻理解教师是如何进行教学内容传授的。他强调，要使学生获得真正意义上的学习，必须从学校教育开始，教师在课堂中应当成为一个学习者。此外，根据他的论述，教师应该广泛涉猎各种类型的知识，包括但不限于内容知识、学科教学知识和课程知识等。其中，学科教学知识并非单纯指学科知识本身，而是涵盖学科知识的教学维度。由舒尔曼对学科教学知识的分类可知，学科教育领域会通过学科教学主题、观念、表述形式（即类比、图解、例证、解释或演绎等），帮助他人更好地理解该学科，这是对教师知识结构进行研究的第一步。

最初，舒尔曼认为内容知识是由学科教学知识、学科知识和课程知识组成。但是后来，他认为这样归类过于简单，因为他没有具体考虑作为一种独特技能的“学科”，或者作为一门专门学问的学科教学知识，所以他又重新归纳教师知识基础的类型，包括但不限于内容知识、一般教学法知识、课程知识、学科教学知识、与学习者及其特性相关的知识、教育情境知识、与教育目的（目标）和价值及其相关学科基础的知识。重新归纳的教师知识基础类型，将学科教学知识重新分离，使学科教学知识成为学科内容和教学法的产物，是教师个人对专业理解的特定形式。简单来说，教师根据学生的理解能力，对学科知识进行合理的形式转化，进而为学生所理解和接受，该过程是对教师运用学科教学知识的反映。

舒尔曼在阐述 PCK 内涵的同时，也阐述了 PCK 产生的原因。在他看来，从学科知识到学科教学知识的转化需要经由几种组合或排列过程。第一，对所给文本材料进行编写的过程，其中包括批判性解释过程；第二，采用类比、比喻等手法阐述观点；第三，对出现的各类教学方法和教学模式进行教学选择；第四，教师教学要与学生特点相适应；第五，教师教学要与班级学生特定需求相符合。上述由学科知识到学科教学知识的转化形式，是将教师形成的个人理解转为他人容易接受的理解，这也是对教学推理开展的实质的反映。从舒尔曼对 PCK 内涵及其产生过程的解释来看，学科知识表征、学生对学科知识概念的理解、学习难易程度等，成为 PCK 研究的核心内容。由此，PCK 成为区分教学专家和学科专家、高效教师和低效教师的知识标准。

自舒尔曼提出 PCK 以来，世界各国的教学领域都会受到 PCK 的影响。并且，相关研究人员在提出 PCK 的基础上，又对 PCK 进行相关补充，不断丰富 PCK 内容。具体表现在以下几点。

一是对 PCK 定义和构成成分的发展，如格罗斯曼（Grossman）在舒尔曼关于 PCK 核心要素的基础上，在其提供的知识模型里增加了“有关特定主题教学目的与信念的知识”和“课程知识”[①]。

二是引入新的理论视角对 PCK 进行建构，如科克伦（Cochran）从心理学的角度用动态的“认知”概念取代静态的“知识”概念，将 PCK 发展成为 PCKg（Pedagogical Content Knowing），强调其基于学生需要的理解上不断动态变化的实质[②]，威尔（Veal）从布鲁姆目标分类的角度将 PCK 进行分类，分为一般的、特定学科的、特定领域的、特定主题的 PCK[③]。

三是关于 PCK 的实证研究，如借助舒尔曼 PCK 的核心要素、内容表征工具（Content Representation，CoRes）和教学经验库（Pedagogical and Professional Experience Repertoires，PaP-eRs）帮助教师教育者了解 PCK 现状、发展职前科学教师 PCK，或者用纸笔测试的形式，根据评分标准对试卷中教师基于教学情境的回答及结合教师对学生的测量来综合评估 PCK。此外，还有基于量规型的 PCK 测量方式对教师在特定任务中的阐述、分析和教学设计等方面进行考察，具体考察方式也不局限于纸笔测试，还可包括观察、访谈等。[④]

综上所述，PCK 的内涵和外延是在不断丰富和发展的，具有相当广泛的用途。但是到目前为止，对 PCK 还没有一个统一的理解与认识。尽管如此，学界研究者共同认为，PCK 的核心内容包括：学科知识的表征、针对具体学习难点的教学策略知识、根据学科内容了解学生的知识。因此，如果是以知识论的视角分析，“学科教学知识（PCK）”是对教师专业知识、教师专业成长研究的最新解释，为教师教育或师资培养的专业化发展提供新的理论支撑。

---

① GROSSMAN P L.The making of a teacher: teacher knowledge and teacher education[M].Columbia University: Teachers College Press, 1990.

② COCHRAN K F, DERUITE J A, KING R A.Pedagogical content knowledge: an integrative model for teacher preparation[J].Journal of teacher education, 1993 (4): 263-272.

③ VEAL W R, MAKINSTER J G.Pedagogical content knowledge taxonomies[J].Electronic journal of science education, 1999 (4).

④ PARK S, JANG J Y, CHEN Y C.Is pedagogical content knowledge (PCK) necessary for reformed science teaching? Evidence from an empirical study[J].Research in science education, 2011 (2): 245-260.

（三）职业教育师资培养专业化的核心

伴随师范教育发展而来的教师教育或师资培养的专业化，尤其注重对内在实质的“专业化”追求。由此，教师内在实质的“专业化”是实现教师教育专业化的“根基”，教师的知识也应成为实现教师教育改革的关键出发点。而要想充分解决教师知识问题，就需要从 PCK 入手，即从知识论的视角思考、探究阻碍教师专业发展的关键问题，为教师教育专业化发展提供理论工具。

最初，舒尔曼提出的 PCK 旨在解决中小学教师知识问题。而在 PCK 不断扩充发展的背景下，普通教育领域中的学科知识与 PCK 的联系逐渐加强，相关研究也逐渐增多，如针对数学（Mathematics）与 PCK 的研究（即“MPCK”）等。但是，这些研究仍处于浅层阶段，并且研究内容较多涉及普通职教理论规律，缺乏对具体专业内容的研究。据此，可考虑将 PCK 职教教师专业发展相结合。通常情况下，职教话语体系中涉及的“专业”一词，是用来解释学生接受职教的“教学门类”，即职业教育专业教学知识（VPCK）。

从内涵角度分析，VPCK 的内涵与 PCK 的内涵既有所联系、又有所区别。此外，VPCK 更能体现职教的独特性。VPCK 与 PCK 的主要区别在于它们涉及的范畴不同，即 PCK 更多涉及教学科目，而 VPCK 则更多涉及具体的教学专业。普通教育语境中课程内容、课程组织形式的选择和编排，遵循的是学术体系逻辑。学术体系逻辑主要反映的是学科的教学活动，该教学活动包含的科学理论和普遍观念，是构成学科课程的核心内容。

如果是从 PCK 角度理解“学科”，那么就需要教师以教育者视角出发把握学科内容、理解学科知识。职业教育的最显著特点在于其职业导向，这与普通教育不同。因此，职业教育语境中的“专业”一词主要反映在职业领域，而不是学科知识体系中所定义的“专业科学”概念，“专业”与职业工作存在密切联系。总之，通过对职业的动态分析，可以得出职业专业性的形成原因和确立的结论。

开发职业教育课程内容和职业教育课程组织形式，主要采用独立于学术体系的工作体系逻辑。这就表明，职业教育所涉及的“专业”，并非仅仅是学科专业的简单压缩或社会职业的简单复制。而如果是从 VPCK 角度理解“专业”，那么就需要职业教育教师以教育者视角出发理解职业性专业工作形成的关系、开发职业性专业工作蕴含的内容，并对实践者的非学科性知识进行结构化处理和评估。

在对 PCK 和 VPCK 作区别分析后，笔者认为：VPCK，即职业教育教师运用各种方式（如操作示范、类比、解释、举例等）将专业知识呈现给学生，在该过程中找出学生较为难理解的专业知识，以学生容易理解的形式将其加以转化，最终被学生理解和接受。可见，如何表征专业知识、如何增进学生对专业知识的理解、如何将学生在学习过程中遇到的难点加以转化，成为VPCK的关键议题。

当然，由于职业教育的特殊性质（即职业性），VPCK中的专业知识，不仅涉及与职业相关的理论知识，还包括职业工作过程的技能知识。从“情景化程度”进行分析，VPCK中的专业知识，不仅涉及与职业理论相关的陈述性知识，还包括职业技能运用过程的程序性知识；从职业教育教师专业知识表征方式进行分析，职业教育教师与普通教育教师不同之处在于，职业教育教师既具备普通教育教师运用的手段方式，又具备适用于职业教育教师主体的操作示范方式；从学生理解专业知识的程度进行分析，职业教育专业的学生倾向于理解显性的专业理论知识，同时又能理解包括技能操作等在内的隐性专业理论知识。据此可知，VPCK有利于实现职业教育师资培养的专业化发展。

对职业教育教师角色的认知是最为重要的一点。一直以来，培养“双师型”职业教育教师成为备受教育界关注的话题。关于“双师型”教师的概念，可以从不同维度进行理解，如从教学能力维度理解“双师型”教师，即能够结合理论教学和实践指导的教师；从持有的资格证书维度理解“双师型”教师，即拥有教师资格证书，并获得职业技能资格证书的教师；从知识结构维度理解“双师型”教师，即精通专业技术和具备师范技能的教师。据此可知，在以“工学结合、校企合作”为开发模式的职业教育中，其呈现的本质特征即为“跨界”，而要培养“跨界”的“双师型”教师则具有一定的困难，这是因为不同维度下“双师型”职业教育教师的概念有所区别，导致“跨界”的“双师型”教师与职业教育的本质不相符合。但是，基于VPCK来解决该问题似乎是可行的。VPCK来源于相互作用下的专业知识、教育学知识和情境知识，它并非是将专业知识、教育学知识和情境知识进行简单融合。因此，基于VPCK来分析，职业教育教师需要具备将专业知识与职业教育知识结合运用的能力，从而实现职业教育要求的“双师型”培养目标。当前，我国学界对于“双师型”教师概念的研究仍需要不断深入，在此期间可综合运用VPCK，从知识基础角度重新认识职业教育教师的角色，从而为实现职业教育教师专业化发展奠定基础。

对职业教育教师培训体系的认知也是重要的一点。当前，我国各类机构组织下设的教育学院，更多地承担着培养职业教育教师的职责或任务，这种培养格局与教师教育专业化形成的“分离化”现象有关。此外，职业教育课程设置不合理，主要表现在职业教育教师专业课程与教育学课程是“分离化”的，并且往往会忽略实践类职业教育课程的重要性。而在职业教育教师资格认证中同样如此，即只要职业教育教师掌握基础的职业教育原理就能开展职业教育教学。VPCK 将与职业教育相关的知识加以综合化，由此形成新的知识体系，它同样是职业教育教师在教育教学实践中生成的、具有高度实用性的实践性知识。基于 VPCK 重新认知、构建职业教育教师培训体系，需要认真思考如何优化教育体制，提高职业教育教师教育专业化水平。具体来说，职业教育院校中的教育学院和专业学院应该更加紧密合作，将职业教育教师的专业课程和教育学课程有效融合。此外，职业教育管理部门需要设计一套高效的职业教育教师资格考试制度，以充分检验职业教育教师的职业素养、职业知识、职业技能和职业能力，确保职业教育教师的专业能力得到充分提升。

综合而言，VPCK 是对 PCK 的发展，VPCK 更适用于职业教育教师专业发展领域。VPCK 具有独特的职业教育内涵，符合职业教育师资培养专业化的要求。类似于 PCK 作为衡量教学专家与学科专家、高效教师与低效教师的最佳标准，VPCK 同样是用于区分职业教育教学专家和职业教育专家、高效职业教育教师和低效职业教育教师的最佳标准。在现代职业教育教师专业化培养过程中，VPCK 发挥着关键作用，因而要推进职业教育教师对 VPCK 的理解、把握和运用。

三、职业教育师资培养分析框架的构建

为保证下面的比较分析更具系统性，有必要构建职业教育师资培养分析框架。上文从知识论的视角剖析了职业教育师资培养专业化的实质，为本书提供理论工具。基于此，这里从比较单位的选择入手，构建分析框架。

（一）比较单位的选择

对于职业教育师资培养的研究，这里采取国别比较的方式。这是因为，首先，在传统上，比较教育往往将地理实体作为比较分析的单位，虽然比较还可以基于其他多种分析单位，如文化、政策、课程、制度等，但所有这些单位不可避免地从属于一个或多个地域。所以，将地理实体作为比较研究的切入点，仍是从事比较教育研究必不可少的基本步骤。其次，从目前已有的职业教育师资培养的研究来看，从国家层面对职业教育师资培养进行管理已经是普遍的事实，其培养体系的特点和整个国家的历史、社会、经济等因素相关。相对而言，由于职业教育的发展和国家的工业化进程相关，西方一些国家的职业教育发展较早，职业教育师资培养较为成熟，有相对成熟的经验。因此，对它们的职业教育师资培养进行剖

析，可以了解其师资培养的演变情况和培养体系的特点和规律。这里计划选取三个国家作为研究的比较单位。

在具体国家的选择上，主要依据两个标准。首先，从职业教育的发展模式来看，教育学家格林指出了欧洲教育与培训体系的几种模式。其中，以德国为典型代表的德语系国家体现了对教育的高度地方自治；以法国为典型代表的“拉丁圈”国家体现了政府对教育与培训的中央控制；英国则体现了自由主义的特点，以及历史上国家对教育与培训体制的有限控制，市场对教育与体制进行显著的调节作用。其次，从职业专业化的进程模式来看美国社会学家弗莱德森指出了两种职业进化的模式，这种进化是伴随着该职业在经济活动中寻求社会地位的过程而来的，以英国、美国为代表的职业专业化进程可以看作是专业中心（Profession-centered）模式，以德国为代表的欧洲大陆国家的职业专业化进程可以看作是典型的国家中心（State-centered）模式。

很显然，以上两条标准是基于“职业教育体制”和“职业专业化”的角度对不同国家进行了划分。职业教育体制是任何职业教育主题研究的大前提，因此上述第一条标准在这里是适用的；教师专业化是职业专业化的一种，因此第二条标准能为笔者的论述提供有力的支撑。因此，综合上述两条标准所划分的不同模式的代表，笔者选择英国、美国、德国作为比较对象。需要说明的是，由于英国各地区情况复杂，这里选取英国的英格兰地区为比较对象之一，除特别说明外，下文中的“英国”专门指英国的英格兰地区。

（二）分析框架的构建

1．两条研究线索

在选定了比较的对象后，需要进一步对研究的分析框架进行构建。很显然，分析框架的构建将直接指向研究的问题。依据前面的分析，本部分的研究问题聚焦于各国职业教育师资培养是如何指向专业化的，即比较分析框架的构建要有利于职业教育师资培养专业化现象的理解和解释。在解释性比较研究中，美国教育学家贝雷迪提出的经典比较教育研究模型很有借鉴意义。他从两个方面来分析比较教育研究——区域研究（在一个国家或地区之内）与比较研究（对几个国家或地区进行共时比较），还提出比较分析的四个步骤：描述、解释、并置、共时比较。在这一模型中，我们要做的，并不是机械地对两个或更多地区进行对比，而应当对它们的背景因素进行关注；之后，在评价相关教育资料的基础之上，确定进行有效比较所需的标准参照项，以此作为提出假设的依据，这一步是所有比较教育研究的前提，因为只有以参照项为基础，才能对被比较的对象进行研究；随后，研究者发现被比较单位之间的相似性或差异性，以及相似或差异的程度，分析背后的原因并找出一定的规律。

贝雷迪的比较教育研究模型为本研究的比较分析提供了一般路径和工具。基于此，笔者确立两条研究线索：一条为历史分析，另一条为剖面分析。

历史分析是从纵向的时间角度对各国职业教育师资培养形态的演变进行考察从而分析出职业教育师资培养的演变路径。在历史分析中，有这样一个前提假设即经济、社会、文化等因素都会推动历史的发展。因此，历史的角度将有利于更加综合地评价各国职业教育师资培养的相关资料，能为下一步比较项的确定提供基础。

剖面分析是对各个国家当前职业教育师资培养的现状进行横切面的呈现，分析其构成与特点。职业教育师资培养专业化分为外在形式专业化和内在实质专业化，外在形式专业化更多地体现在体制或制度的结构设计上，内在实质专业化则体现在教师专业发展的内涵上，可以说外在形式专业化是为了更好地促进教师内在的专业发展。因此，在剖面分析上，这里采取结构功能主义的范式，把职业教育师资培养看成是一个系统或体系，对构成该系统的部分和功能进行分析。

2.比较分析的标准参照项

职业教育师资培养体系由哪些部分构成呢?

笔者试图挑选职业教育师资培养的专业标准、资格认证、课程设置作为比较分析的标准参照项。具体而言，首先，教师专业标准在世界范围内教师专业化运动进程中，从一开始就是作为教师专业化运动的一个组成部分而出现的。即便教师是否是一种专业至今尚无定论，但专业标准的制定与实施，使得教师职业在很大程度上具备了大多数专业所必需的一些元素和条件。而这种具有准入性、排他性的专业标准恰恰决定了教师专业发展的方向，体现了师资培养的价值取向或目标。其次，教师资格证书在各国的历史发展中，是作为国家或行业保护组织对从事教师职业、专业或教育教学活动的人所应具备的条件或身份的一种强制性的规定而出现的，是公民从事教师岗位的法定前提[①]，也是保证教师质量的重要体现，因此在师资培养专业化进程中具有不可替代性。各国在教师资格的认证和颁发上，都设计了一定的程序与要求，这恰恰指向各师资培养单位为帮助准教师获得教师资格证的培养模式的问题最后，世界教师教育课程设置的发展历程，是教师专业

① 荀渊，唐玉光．教师专业发展制度[M]．北京：教育科学出版社，2011.

化及教师教育专业化发展路径的必然结果，教师教育课程本身一直都是沿着一种专业教育的模式在发展。课程内容本身直接反映了对教师的知识和能力要求，恰恰体现了师资培养的内容，构成了整个师资培养计划的核心。因此，职业教育师资培养的专业标准、资格认证、课程设置直接反映了职业教育师资的培养目标、培养模式和培养内容问题，是职业教育师资培养中的三大基本要素。

与此同时，职业教育教师的专业标准、资格认证、课程设置三大要素在本质上应该体现以下关系：一是职业教育教师的专业标准能为职业教育教师资格认证和师资培养的课程设置提供一定标准和参照；二是职业教育教师资格认证要求职业教育教师专业标准和师资培养课程设置具有一致性，如有的国家的职业教育教师专业标准就是职业教育教师资格标准，职业教育师资培养课程就是职业教育教师资格证书课程；三是相对于专业标准和资格认证等外部保证，职业教育教师培养的课程设置在专业标准和资格认证的“指导”下，从内部对职业教育教师教育质量提供保证。需要说明的是，上述的职业教育师资培养要素并未穷尽，还可包括职业教育教师的质量评估、职业教育教师教育机构的认证等。但基于上述分析，这里特限定专业标准、资格认证、课程设置为职业教育师资培养中的三大基本要素，作为各国职业教育师资培养体系比较分析的标准参照项。对于每个要素的具体分析，笔者采用“谁来做—做什么—怎么做”的思路，即对每个要素的“主体”“内容”“方法”分别进行有针对性的展现和分析，以便清楚、翔实地展现职业教育师资培养体系。

接下来，按照结构功能主义范式，在确定了职业教育师资培养体系的三大基本要素后，要对各要素的功能进行分析。对功能进行分析的角度有很多，如教育功能、经济功能、社会功能等，而围绕职业教育师资培养专业化主题，这里限定在对职业教育师资培养体系的教育功能的探讨上，即职业教育师资培养体系是如何促进职业教育教师专业发展的，主要围绕 VPCK 的培养而展开具体体现为两个维度：一是职业教育教师的专业标准、资格认证、课程设置在“内容”上有无体现 VPCK，重点关注职业教育专业内容表征和对于特定学习困难的教学策略知识，以及基于职业教育专业内容对学生的理解的知识；二是职业教育教师的专业标准、资格认证、课程设置在“方法”上是如何促进 VPCK 的生成的。

3. 比较分析框架与模型

基于上述分析，可以构建职业教育师资培养比较分析框架，见表 3–1。

表 3–1 职业教育师资培养的比较分析框架

比较维度	参照项	具体指标
结构（三大基本要素）	专业标准	制订标准的主体
		标准使用的对象及作用
		标准的能力要求
	资格认证	资格的类别
		资格认证的机构
		资格认证的程序与要求
	课程设置	开设课程的机构
		课程开展的形式
		课程模块与内容
功能（教育功能）	VPCK 的培养	VPCK 内容的体现
		VPCK 生成的机制

比较分析框架中的“结构”维度，呈现各国职业教育师资培养现状资料的组织逻辑，“功能”维度则为各国职业教育师资培养的三大基本要素提供了理论分析工具。

在比较分析框架的基础上，有必要构建一个高度抽象的职业教育师资培养分析模型（见图 3–1）。在这个模型中，外圈表示的是职业教育师资培养的外部环境，指的是影响职业教育师资培养的各个利益相关者（如政府、雇主专业组织、培养机构、教师等）及其关系；中圈表示的是职业教育师资培养体系，指的是整个职业教育师资培养体系的制度架构；内圈表示的是职业教育师资培养体系的核心圈，指的是这里要具体探讨的职业教育师资培养体系的三大基本要素。

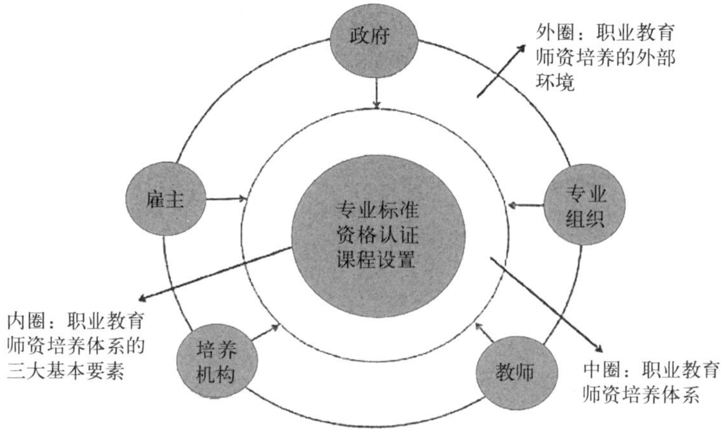

图 3–1–1 职业教育师资培养的分析模型

第二节　我国现代职业教育师资培养的基本要素

一、我国职业教育师资培养的专业标准

前几年，我国制定了职业教育师资培养的专业标准。2012 年《国务院关于加强教师队伍建设的意见》（国发〔2012〕41 号）明确提出，完善教师专业发展标准体系，出台职业学校教师专业标准。为此，教育部在已颁布的中学、小学和幼儿园教师专业标准的基础上，于 2013 年 9 月正式颁布体现“双师”素质要求的《中等职业学校教师专业标准（试行）》（教师〔2013〕12 号）。这是中华人民共和国成立以来第一次针对中等职业学校教师制订的专业标准，对于促进我国职业教育教师专业发展、打造高素质职业教育教师队伍、加快发展现代职业教育有重要的现实意义。

该标准的制定由教育部牵头，征求来自各个大学、中高职院校、科研院所等专家的意见，通过头脑风暴法和职业能力分析法形成标准的初稿；随后，在广泛调研并征求中等职业学校教师意见的基础上，对标准内容进行完善并形成终稿。

从标准的作用来看，该标准是国家对合格中等职业学校教师专业的基本要求，是中等职业学校教师开展教育教学活动的基本规范，是引领中等职业学校教师专业发展的基本准则，是中等职业学校教师培养、准入、培训、考核等工作的基本依据。

从内容上来看，该标准共有三级指标。一级标准分为 3 个维度：专业理念与师德、专业知识、专业能力；二级标准共分为 15 个领域；三级标准共包括 60 条具体的能力要求。

近年来，教育部对我国职业教育师资培养专业标准的制订提出进一步要求。2019 年出台的《深化新时代职业教育“双师型”教师队伍建设改革实施方案》明确指出，要建设分层分类的教师专业标准体系，建立中等和高等职业教育层次分明，覆盖公共课、专业课、实践课等各类课程的教师专业标准体系，修订《中等职业学校教师专业标准（试行）》。可见，我国职业教育师资培养的专业标准亟待进一步完善。职业教育师资队伍的改革就对职业教育师资提出了新的专业要求。

（一）具备动态的专业知识体系

时代的不断发展和技术的不断更迭对教师的专业知识能力提出了更高的要

求。职业院校作为技术人才供给的主阵地，必须及时将已经出现的或者即将出现的各种新成果纳入人才培养方案中。教师作为人才培养方案的设计者与实施者，其专业知识水平的高低直接影响学生专业能力的建构，以及职业院校的办学质量，因此，教师要同时具备“宽”“深”的专业知识体系。所谓“宽”是指教师在入职之前要有适度超前的专业知识，同时专业涉及面也要宽泛，所了解的专业知识不局限于所教授的专业本身，更多体现的是一种专业融合。所谓“深”，一方面是指教师要具备较为深厚的专业理论知识，另一方面是指教师能够随着技能的不断更新对专业知识做出补充与调整。基于此，职业教育师资就更需要着眼于未来岗位的变化，更快地吸收本专业及相关领域内新出现的技能与知识，构建一种动态的专业知识体系。

（二）具备专业实践教学能力

在 2019 年出台的《深化新时代职业教育“双师型”教师队伍建设改革实施方案》中明确提出，自 2019 年起，除持有相关领域职业技能等级证书的毕业生外，职业院校、应用型本科高校相关专业教师原则上从具有 3 年以上企业工作经历并具有高职以上学历的人员中公开招聘；自 2020 年起，除“双师型”职业技术师范专业毕业生外，基本不再从未具备 3 年以上行业企业工作经历的应届毕业生中招聘。《国家职业教育改革实施方案》提出职业院校、应用型本科高校选聘时原则上要以具备三年以上工作经历的人员为主，向具备相关领域的职业资格证书的人员放宽学历要求，同时以能力为导向。这些文件表明，未来职业院校的教师除了需要具备普通教师的一般素质外，还需具备培养技能人才的实践教学能力，为职业教育健康持续发展提供了强有力的支撑和保障。

（三）具备专业信息化教学能力

信息化教学能力是指教师运用信息技术手段或在信息化教学环境下为实现教学目标而必须具备的教学开发、设计、实施、管理、诊断、评价、研究等能力。随着互联网技术的不断完善，“互联网 +”为职业教育的发展提供了前所未有的机遇，职业教育师资拥有合理运用互联网教育教学的能力素养尤为重要。教育部 2019 年颁布的《教育信息化 2.0 行动加护》提出学校要建成数字校园；《教育信息化 2.0 行动计划》中强调，构建“互联网 +”下的人才培养新模式，全校师生的信息素养得到普遍提高，教学应用要覆盖全体教师，学习应用覆盖全体适龄儿童，数字校园覆盖全体学校；《职业教育提质培优行动计划（2020—2023 年）》又进一步强调要加快数字化推动职业教育师资信息化能力的建设，将信息技术与教育教学深度融合。这些文件都在不同程度上强调了新时代职业教育师资要具备合理运用现代教育技术的能力。因此，教师需要逐渐适应智能化教育发展趋势，应用现代化的教学手段进行教学，使用现代化的教学管理软件对学生的学习效果进行分析，从而实现教育者、促进者、实践者等多重身份的转变，让学生真正能够取得与数字化相匹配的能力与知识。

二、我国职业教育师资培养的资格认证

2013年，教育部印发《中小学教师资格考试暂行办法》和《中小学教师资格定期注册暂行办法》（教师〔2013〕9号），明确提出教师资格考试实行全国统一考试。2015年起，我国中等职业学校教师资格认证考试不再由各省份自行组织，由教育部统一制订考试标准和考试大纲，教育部考试中心组织实施教师资格考试。中等职业学校教师和中等职业学校实习指导教师资格的人员须分别参加相应类别的教师资格考试。

中等职业学校教师资格考试包括笔试和面试两部分。就考试形式与内容而言，笔试主要采取计算机考试和纸笔测试两种形式，笔试科目为综合素质、教育知识与能力、专业知识与教学能力3科，其中，专业知识与教学能力科目测试，暂由各省（区、市）自行命题和组织实施，面试主要采取结构化面试、情景模拟等方式，通过抽题、备课（活动设计）、回答规定问题、试讲（演示）、答辩（陈述）、评分等环节进行，主要考查申请人的职业认知、心理素质、仪表仪态言语表达、思维品质等教师基本素养和教学设计、教学实施、教学评价等教学基本技能。由国家确定笔试成绩合格线，省级教育行政部门确定面试成绩合格线。笔试和面试均合格者获得由教育部考试中心颁发的教师资格考试合格证明（有效期为3年），考生获得该证明后可申请教师资格的认定。

与此同时，中等职业学校教师资格证一改过去的“终身制”。对于取得教师资格初次聘用为教师的，试用期满考核合格之日起60日内，申请首次注册。经首次注册后，实行5年一周期的定期注册制。定期注册不合格或逾期不注册的中等职业学校教师，不得从事相关教育教学工作。教师资格定期注册工作由国务院教育行政部门负责主管，地方教育行政部门负责组织实施本地教师资格定期注册工作。

三、我国职业教育师资培养的内容

（一）加强实践教学

职业教育师资的实践教学分为两方面，一方面是教育实践教学，另一方面是企业实践教学。进一步推进职业教育师资培养过程中的实践教学，是当前师资培养过程中的重要工作。首先，要明确实践教学目标。当前，我国处于一种开放式的师资培养模式，由职业院校、应用型高校和综合性高校共同培养职业教育师资，但由于高校的双重属性使得职业教育师资在培养过程中面临着目标不清晰等问题。因此，我们要确定实践教学目标，做好清晰的定位，使一些综合性高校能够真正认识到职业教育师资培养的重要性并成为独具特色的师资培养基地。其次，制定统一的实践教学标准。构建统一的实践教学标准是确保实践教学效果最大化的重要手段，在制定实践教学标准时要注意三个重要维度：第一是在专业技能培养方面要突出培养学生的实践能力，让学生毕业后既要具备理论知识，又要懂得操作规范；第二是在教育方法上突出培养学生的实践能力，教育的方法要区别于传统的讲授式教学，真正体现职业教育师资培养的特色；第三，丰富实践教学课程，使学生在了解职业教育的基础之上，学习到与普通教育具有差异性的教学方法，实践教学能力走向专业化。

（二）加强信息化教学

当今大数据时代急需一批具备高信息素养的现代化职业教育师资。第一，职业教育师资在培养的过程中要树立信息意识。只有当职业教育师范生真正意识到现代信息技术的重要性后才能够实现职业教育信息化的转变，所以，职业教育师资培养单位应该充分鼓励教师将现代信息技术运用到实际的教学当中，使学生潜移默化地认识到信息素养的重要性，建立信息化意识。因为只有在培养的过程中逐渐建立起信息意识，职业教育师范生才能够在未来教学的过程中运用新的理念去培养技术技能型人才。其次，强化政府、企业等多方面对职业教育师资信息化培养方面的资金保障。虽然中央财政投入约10亿的专项资金设立“国家工匠之师培养基地”，但在国家大力建成技能型社会的号召下实施信息化还需要政府企业等各个方面提供资金方面的支持。第三，加大职业教育师资信息知识与技能的培训力度。职业教育师资培养单位可以定期邀请一些具备现代信息意识的培训师来学校举办讲座，也可以向相关的科研单位寻求帮助，利用共享信息资源来对职业教育师资进行信息化培训。

四、我国职业教育师资培养的课程设置

第一，加大实践课程比例，提升职业教育师资综合知识与能力。职业教育师资培养院校要注重实践课程的比例，增加实践课程的课时安排。一方面，调整实践课程的比例，合理分配实践类课程、教育类课程专业类课程的比例。同时，还要丰富实践类课程种类，使实践类课程不仅仅局限于顶岗实习，充分发挥校内实训基地的作用，尽可能多地设置丰富多彩的实践类课程。另一方面，将实践类课程的安排贯穿于学校教学始终。目前，很多职业教育师资培养单位都是将实践类课程安排在大三下学期或者是大四年级，这样所获得的教学效果一般，不利于职业教育师范生的培养。学校应该将实践类课程贯穿于教学的始终，这样既可以帮助职教师范生在开始学习之前对未来职业有一个大概的了解与认识也可以帮助教师得到学生教育实习前后的及时反馈，增强学生的实践教学能力。

第二，课程设置与未来就业需求相契合。职业教育师范生毕业后大部分进入了职业学校，因此，在课程设置上，首先要较为准确地预测中等职业学校的专业调整趋势，课程设置应该具备灵活性，与时代的发展相同步，与职业学校的专业变化相契合。其次要避免课程的重叠冗余。职业教育师资培养基地的课程设置要避免重复式的教育内容，课程内容要由易到难，由简到繁，循序渐进，以一种螺旋式的形式设置课程，注重职业教育师范生核心能力的培养，课程结构要与职业学校的专业结构相契合。

第三，构建校园网络课程。构建校园网络课程有助于提高职业教育师范生的信息化能力。一方面，教师可以利用大数据来分析不同职业教育师范生的需求以及特点，提高学生学习的个性化要求。另一方面，职业教育师范生可以根据网络课程有针对性地了解有关专业和企业的最新发展动态，更合理化地进行网络课程的调整与替换。职业教育师资培养单位在构建网络课程时也需要特别注意以下三点：课程的选择要符合职业教育师范生的认知规律，要与他们已有的认知经验产生关联性；网络课程要能够实时记录学生的学习情况，便于学生在以后自我反思时有据可依，适时地调整自身的学习内容和学习方法；职业教育师资培养单位的技术人员要做好网络保障，确保职业教育师范生能够随时随地运用网络学习课程。

五、我国职业教育师资培养的评价体系

教育评价制度的改革最终要朝向系统、多样化、动态的方向发展，职业教育师资培养体系中评价机制也要朝着这个方向迈进。因此，笔者提出了从建立分层

次考核体系、过程考核以及师德考核这三方面来优化考核机制。

（一）健全分层次的评价体系

新时代，职业教育师资培养的评价体系应该体现多样化、分层化的特点。不同专业的职业教育师资需要具备不同的核心能力，这也就要求我们建立起分层分类的评价体系。首先，需要确定不同专业的职业教育师资专业发展标准，将专业标准作为分层评价的基本准则。其次，实行不同层次的评价模式，通过评价结果判断职业教育师资的培养目的是否实现。最后，由于分层次的评价体系涉及职业教育师资培养的方方面面，包含师资培养、职业教育师资资格认证、职业教育师资准入制度等，这就需要政府在宏观层面做好政策的支持，同时提供技术等方面的支持，切实保障职业教育师资队伍建设的质量。

（二）注重过程性评价

传统的考核方式还是会采用总结性的评价，缺少对学生学习过程的评价。职业教育师资培养单位可以依托互联网技术，实时了解学生的学习过程、课堂考勤等各个方面，并结合教师的个人记录作为对职业教育师资的考核内容。

（三）注重师德评价

当前，职业教育师资的考核要明确新时代对职业教育师资的期盼，体现职业教育师资的内涵变革。在以师德为先的社会风气下，其道德价值和伦理规范也要在考核范围之内。在考核评价的过程中，最重要的就是要将教师的职业道德标准转化为可视化的量化标准。例如，可以根据重要程度对教师职业道德中不同方面赋予不同的分值，根据学生的表现进行打分。同时，为了避免在分值认定时学校受到主观情感的影响，应该允许教师、学生、家长等多个主体共同参与，从而对职业教育师范生的师德进行有效考核。

第三节　我国现代职业教育师资培养的主要特点

一、以政府为主导

从我国职业教育师资培养的历史发展来看，国家政府一直发挥不可忽视的作用。早在中华人民共和国成立以前，职业教育师资的培养由国家政府来主导。如在民国时期，国民政府非常重视对职业教育师资的培养，职业教育师资的培养渠道较为多元化。中华人民共和国成立后，国家对职业教育师资的培养发挥牵头作用，不仅先后兴建一批独立设置的职业教育师资的培养机构、批准一批有条件的综合大学创立职业技术师资班等，为我国职业教育师资的培养奠定重要基础，还依托普通高校、职业院校和企业等，建设一批全国重点职业教育师资培养培训基地。除此之外，国家在职业教育师资的职前培养和职后培训等方面拓宽了培养培训途径，如面向优秀中等职业学校教师开设在职攻读硕士学位的途径，出台职业教育教师素质提高计划意见，开展职业教育教师的职后培训项目等。

除了有形的培养机构和培养基地的建设以外，近年来，国家对职业教育师资培养的管理进一步加强，这主要体现在一些无形的制度设计上，如制定职业教育教师专业标准、全国统一的职业教育教师资格认定制度，以及职业技术师范教育专业认证标准等。不可否认的是，我国政府在职业教育师资培养上始终体现主导作用，而且随着我国职业教育师资培养的发展，政府的主导作用在不断加强。

二、项目化的培养体系

我国长期以来的职业教育教师培养体系是以项目化培训为基本形式运作的，缺乏稳定的、制度化的职业教育师资培养体系。这种项目化的培养体系主要是依托教育行政部门发布的项目来开展职业教育师资培训。如 2006 年和 2011 年先后出台的《教育部、财政部关于实施中等职业学校教师素质提高计划的意见》（教职成〔2006〕13 号）和《教育部、财政部关于实施职业院校教师素质提高计划的意见》（教职成〔2011〕14 号）文件，大力推进职业教育教师的职后培训。在这种项目化的培养体系中，职业教育师资的培养主要是以项目为单位独立进行管理，培训过程依据项目要求预先设置[①]。显然，这种项目化的职业教育师资培养对于突破我国职业教育师资培养体系障碍和短时间内提高职业教育教师水平来说有积极作用，但其有职业教育师资培养的不稳定性等特征，因此可以视其为一种过渡状态。

三、基本要素的相对独立

这里确立专业标准、资格认证、课程设置为职业教育师资培养的三大基本要

---

① 徐国庆．从项目化到制度化：我国职业教育教师培养体系的设计[J]．教育发展研究，2014（5）：19–25．

素。从我国职业教育师资培养的现实情况来看，这三大基本要素之间的关系显得相对独立。以结果为导向的认证方式并未明确表明职业教育教师资格认证与职业教育师资培养课程内容之间的关系。此外，虽然《中小学教师资格考试暂行办法》指出要依据教师专业标准制定教师资格考试标准，《职业技术师范教育专业认证标准》指出主要依据国家教育法律法规和中等职业学校教师专业标准制定，但由于我国目前的中等职业学校教师专业标准比较笼统且操作性不强，其对资格认证与课程设置的指导作用有限。因此，三大基本要素之间的对应程度与联系有待加强。

我国职业教育师资培养自有特点，在培养体系、培养模式、培养路径方面取得了较大的成效，但也有一些问题出现，如过度集权而缺乏配套措施、专业教育的开放性较低、专业标准的操作性不强、资格认证忽视培训过程、师资培养课程体系的割裂等。

第四节　我国职业教育师资培养的改进对策

随着职业教育师资培养专业化的发展，职业教育教师教育改革不能再停留在“重形式轻实质”上，而是开始关注职业教育师资培养的内在实质专业化，即职业教育教师的专业发展。在职业教育教师专业发展中，最为核心的是从知识论的视角关注教师 VPCK 的培养，VPCK 被认为是最能区分职业教育教学专家与学科专家、高效职业教育教师与低效职业教育教师的一种知识。本节基于 VPCK 的视角提出我国职业教育师资培养的改进对策，并在最后试图对我国职业教育师资培养的理想模型进行构建。

一、建立“政府－市场”的管理机制

在我国，职业教育师资的培养作为关乎国民教育质量的重要环节，需要国家政府发挥积极作用。而从我国职业教育师资培养的发展历程来看，我国长期以来职业教育师资的培养似乎在走内在实质专业化的道路，目前尚未形成成熟的职业教育师资培养体系。可以说，从我国职业教育师资培养的现实情况来看，要想从项目化的培养体系向制度化的培养体系过渡，当前条件下中央政府对职业教育教师投资问题，某种程度上来说也利于我国职业教育教师水平的提升和保障。

我国幅员辽阔，为保证职业教育师资培养的顺利开展，需要建立多方合作的运作机制，引导政府以外的其他“力量”的参与。从现有的职业教育教师资格考试来看，就考试内容而言，职业教育教师的考试科目综合素质、教育知识与能力实行全国统考，专业知识与教学能力科目暂由各省（区、市）自行命题和组织实施。国家确定笔试成绩合格线，省级教育行政部门确定面试成绩合格线。笔者认为，实行这种“普通教育学知识的全国统考”与“专业知识与专业教学知识的地方命题”的方式考虑到了职业教育的区域性与特殊性，因此值得肯定。然而，对“专业知识与教学能力”的考核仍然落到了地方教育行政部门上。这种关注政府官方力量的做法，容易忽略师资培养过程中其他利益相关者的参与因此，我国职业教育师资的培养亟需建立“政府－市场”的管理机制：一方面对职业教育教师资格证书的认证实行中央集权管理，以保证职业教育师资培养的制度基础。这种集权管理主要体现在两个方面，即对职业教育教师专业（资格）标准的制定和对证书质量的监管。第二，地方自行命题和组织实施“专业知识与教学能力”科目考核时，应当积极引导市场力量的介入，其中最主要的方式为建设授权体系，如将对专业知识和专业教学知识的考核授权给教师组织行业组织等专业组织，这样不仅能保证职业教育师资培养中多方利益相关者的积极参与，还能从根本上保证职业教育教师 VPCK 和专业教学能力水平，从而保证职业教育教师的质量，同时能解决我国幅员辽阔带来的地方差异性问题。

二、以职后培养为主要途径

从职业教育师资培养的途径来看，主要分为职前培养和职后培养两种途径。哪种培养途径适合我国呢？理论上来讲，两种培养途径在我国都可能存在。然而，事实上，我国的职业教育职前师范教育发展得极为艰难。从开设此类专业的院校数量来看，培养职业教育师资的院校数量偏少。同时，从培养的学生数来看，这些院校每年输送的职业教育师范毕业生较少。与独立设置的职业院校、应用型高校相比，普通高校对职业教育师资的培养能力更为有限。一些普通高校甚至只承担职业教育师资培训的工作，对职前职业教育师资培养工作基本不涉及。从现实情况来看，我国职业教育的职前师范教育规模在明显“萎缩”。职业教育师资的短缺问题显得突出，职业院校不得不从普通师范教育、各类普通大学教育甚至是各行各业中招聘职业教育教师。

基于这样的现状，在我国，大力发展职业教育职前师范教育是不现实的，因而职后培养应当成为我国职业教育师资培养的主要途径。事实上，职业教育师资的职后培养在我国早就存在，特别是2006年和2011年先后出台的《教育部、财政部关于实施中等职业学校教师素质提高计划的意见》（教职成〔2006〕13号）和《教育部、财政部关于实施职业院校教师素质提高计划的意见》（教职成〔2011〕14号）文件，大力推进了职业教育教师的职后培训。但是这种职后培训主要是以政府资助计划项目的形式存在的，没有统一的实施与执行框架，培训行为也不稳定。因此，在确立了职后培养的主要途径后，一方面要处理好与职前师范教育的关系，对不同背景的师资来源进行不同的培养途径设计，如师范生主要采取职前培养途径，而对于有一定工作经验并在相关领域取得相应成就的申请者，则可在通过相关能力认定程序后，准予其进入职后培养途径，另一方面要对职后培养进行系统规划，可按照“双元制”的培养模式来开展我国职业教育师资的职后培养，使之成为稳定的、组织化的、具可操作性的职业教育师资培养路径。而这时的职后培养，是面向所有不同背景的刚刚入职的职业教育教师。新晋教师可在一定时限内，在授课的同时定时地去师资培养机构接受培训，即学校培养与教师在职工作、实践经验累积同时进行，二者紧密配合，按计划分阶段实施，以实现教师专业教学能力的有效发展。这种培养模式的设计，能够帮助职业教育教师对专业教学中的问题进行及时反馈，直接促进职业教育教师VPCK的生成。

三、完善职业教育教师专业标准

职业教育教师由于其专业背景的复杂性，使得职业教育师资专业标准的制定颇为复杂。从我国目前的职业教育教师专业标准来看，其制定过程过于“快餐化”，内容的操作性不强，对教师资格认证和师资培养课程内容设置的规范和指导作用较为有限。可以针对不同专业领域的职业教育教师开发专业标准，提高标准的针对性与操作性。我国中等职业学校的专业众多，因此可按照中等职业学校专业类来进行开发。与此同时，专业标准的开发还需要政府组织并吸收相关专业人员或专业组织的参与，以保证对职业教育教师专业教学能力的精准把握。另外，在内容上，要基于教师的专业发展来开发标准内容。我国的职业教育教师专业标准内容，不仅要在强调教师专业知识的同时弥补职业教育教师对教育学基础知识缺乏的问题加强对教育学、心理学等相关教学法知识的要求更要强调专业标准中对教师实践知识的要求，即对VPCK的关注和开发，这才是职业教育教师专业发展的核心问题。同时，在专业标准的功能和效用上，要强调专业标准对职业教育教师资格认证和课程内容设置的指导作用，以保证对职业教育师资培养质量的监控。

四、建立“过程导向”的资格认证制度

从职业教育教师资格证书的认证经验来看，基本上体现了“过程导向”的认证程序。在我国，自 2015 年起，我国中等职业院校教师资格认证考试不再由各省份自行组织，而是实行全国统考。无论是师范生还是非师范生，都可报名参加国家考试，只要通过全国统考，就能申请获得教师资格证书。这种以资格证书的考取结果为导向的认证体系，容易忽略对师资培养过程的关注，即抛弃了职业教育教师专业教育的前提。因此，我国须对现有职业教育教师资格证书制度进行改革，建立“过程导向”的资格认证制度。一是改变目前职业教育教师资格考试的开放性状态，对报名参加考试的申请者设置一定的受训过程要求。这一受训过程尤其要强调对职业教育教师 VPCK 的培养过程。对职业教育教师 VPCK 的培养过程是申请获得完全的职业教育教师资格证书的必备条件。二是建立资格证书定期更新的配套培训机制，保证教师在这过程中专业教学能力的逐步提升，而非简单的流于形式的重复注册。三是建立确保资格认证与专业标准和课程内容一致性的机制，尤其是现有的资格认证只是体现基本从业资格，无法真正推动教师的专业发展，因此，需要从资格认证的程序和要求上与专业标准和课程内容相适应，尤其要设计对教师 VPCK 和专业教学过程的考察环节。

五、改革职业教育师资培养课程体系

一是加强职业教育师范生“本硕一贯制”课程体系的开发。从现实情况来看，我国本科层次的职业教育师范生培养遭遇诸多尴尬。例如，在东部某些经济发达地区，本科层次的师资已无法满足地方对职业教育师资学历的要求，这使得当地的师资培养单位不得不关闭本科层次的职业教育师范生课程。可见，随着我国职业院校办学水平的不断提升，对职业教育师资的学历要求日益提高，培养一批具有硕士学位的高水平职业教育师资成了一些职业院校的内在需求。我们应该对现有职业教育师资培养课程体系进行改革。我国一些院校的职业教育师范教育专业的本科层次和硕士层次课程存在层次上的割裂问题，两者没有实质的衔接关系，而很多教育类基础课程在硕士阶段重复开设。因此，建议职业教育师资培养单位积极转型，探索职业教育师范生本硕连读制度，并基于职业教育教师培养的

连贯性设计“本硕一贯制”的课程体系。将职业教育师范生的本科层次和硕士层次课程纳入整体框架进行统一规划设计，保证课程模块内容的循序渐进和有效衔接。

二是构建“三性融合”的课程体系。我国开设的本科层次的四年制职业教育教师教育专业常见的课程结构是“通识课 + 专业课 +（职业）教育类课程”，存在各模块自成体系、相互之间没有关联、彼此割裂的问题，具体表现为：专业课程权重大，职业教育、教学类课程较少；集专业性、职业性和师范性于一身的“专业教学论”课程比例非常低；等等。我国职业教育教师培养课程体系亟须改变这种横向上互相割裂的状态，不仅要注重各个课程模块之间的关系，注重职业教育教师“三性合一”的特点，还要特别关注 VPCK 类课程模块的开发与设置。

三是开发基于 VPCK 的职后培养课程体系。除了对职前培养课程体系进行改革，还需对职后培养的课程体系进行开发。职后培养应该成为我国职业教育师资培养的主要途径，而就目前的现实情况来看，职业教育师资的职后培养主要是以政府资助计划项目的形式开展的，没有统一的实施与执行框架，培训行为不稳定，因此通常职后培养的课程体系设计有较大的随意性。一般来说大学本位的职前培养的主要功能在于提供系统的理论学习，职后培养的主要功能则在于帮助职业教育教师将所学理论与教学实践相结合，形成现实的教学能力。然而，就目前诸多职业教育师资培养机构所开设的职后培养课程来看，教育学类的理论性课程偏多，关于教师教学实践能力的课程则偏少，或忽略职后培养的主要功能，成了职前培养课程的“压缩饼干”。我国需要基于 VPCK 开发职后培养课程体系。此类课程的开发和开展，除了传统的职业教育师资培养机构，应当充分发挥各个职业教育师资培养基地的主体作用。

构建我国职教师资培养的理想模型，如图 3-2 所示。在这个模型中，职业教育师资培养的外部环境中（即外圈）的各个利益相关者，由国家政府占据主导地位，同时引导专业组织等市场力量的积极参与。在我国的职业教育师资培养体系方面，体现职前师范培养和职后培养并存而职后培养为主要途径的制度架构。内圈中，职业教育师资培养的专业标准、资格认证和课程设置三大基本要素体现紧密对应与互动的关系：一方面职业教育教师专业标准能为职业教育教师资格认证和师资培养的课程设置提供标准和参照；另一方面职业教育教师资格认证要求职业教育教师专业标准和师资培养课程设置有一致性。三者对应与互动的主要依据是职业教育教师 VPCK 的培养。

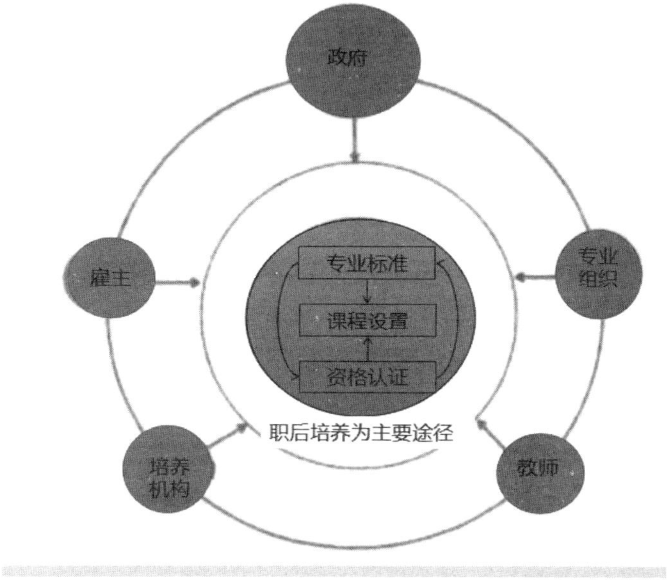

图 3-2 我国职业教育师资培养模型的构建

第四章　现代职业教育的教学方法实践

本章主要讲现代职业教育的教学方法实践，主要介绍了现代职业教育的教学的原理与过程、现代职业教育的具体教学方法、现代职业教育的教学的模式、现代教育技术在职业教学中的应用四个方面的内容。

第一节　现代职业教育的教学的原理与过程

一、现代职业教育的教学原理

（一）职业教育的教学本质

1. 教学的含义

教学的含义，不同的历史时期所指不尽相同，不同层次与研究领域的使用与研究者，对教学的界定也是各不相同的。

（1）教学即教授

在我国，19 世纪末 20 世纪初，普遍流传的理念是教育即授课，即教师的教。人们非常重视教师的“教”，以及“怎样教”。在西方，“教学”有“说明”的意思，即教授、讲授，同样偏重于教师的教。

（2）教学即教学生学

这一观点强调教育是基于学生的需求展开的，教师的任务是满足学生的学习需求。这与西方所谓的“以教学成果为导向”的教育观念有一定相似之处。

（3）教学即教师的教与学生的学

这个想法已经被广泛认同。教学活动由教师和学生两个主体构成，他们以课程内容为桥梁，共同参与到教学过程中，并追求一定的教学目标，即教师的教与学生的学。教学的本质目的是为学生的发展、学生的学习。教师的角色是引导学生，让他们兴趣盎然地学习，并在达成社会要求方面扮演了重要的角色。因而，教师和学生在教学活动中是相辅相成、不可分割的两个方面。

2. 教学的本质

教学的定义有很多，解释各异。概括来说，教学是在教育目的指引下，以课程内容为中介而进行的教师的教与学生的学的双边活动。在这个活动中，通过教师的引导作用，培养学生具备一定的知识和技能、建立一定的能力和态度。教学活动中，教师主要扮演着教的角色，这是一种表象行为；学生主要扮演着学的角色，是一种内化过程；另一方面，教与学互相依赖、互为基础。在教学情境中，教师的教就意味着学生的学，学生的学也蕴涵着教师的教，不存在没有教的学，也不存在没有学的教。教为学而存在，学又要靠教来引导。

3. 职业教育的教学

职业教育的教学，是指在人才培养目标的指导下，以职业教育课程内容和实践为载体，教师有目的地教学生学与学生主动地学习知识和训练技能，进而形成职业能力的双边活动。

4. 职业教育教学的特点

（1）教学目的的职业性、实用性

在职业院校中，学生的行为应该以学习为主。为了满足未来职业的需求，职业院校应为学生提供定向培训，包括教学内容、教学过程、教学方法和教学组织等各个方面，以反映特定职业的特色和风格，并注入该职业的特有特质。职业教育旨在培养具备实际技能和专业知识的人才和工作者，重在实践能力而非理论水平或学历文凭，并且注重塑造综合职业能力，以满足特定职业或工作的需求。它是以培养职业技能为核心的一种教育。职业院校的教学应以未来的就业需求为导向，注重知识的实际应用，重视与生产过程相衔接。

（2）教学内容的综合性、先进性

职业院校的服务范围广泛，培养目标跨度大，既可以培养专科学历的高级技术型人才、以从事脑力劳动为主的技术人员和管理人员，又可以培养中等教育学历的技能型人才、以从事体力劳动为主的技术工人和其他劳动者。培养的人才既具有专业特长，能顶岗劳动，还有一定的通用性，一专多能，满足转换职业和在职提高的需要。这就要求职业院校的教学内容具有综合性，要开设文化课、专业技术课、专业课、综合实践课和实训课等。

考虑到目前社会中不断涌现的新知识、新技术，以及设备、工艺和产品更新速度的加快、批量变小、质量要求的提高等因素，职业教育应及时调整教学内容，以保持与现代生产技术水平的要求一致。

（3）教学对象的复杂性、终身性

首先，教学对象的年龄、阅历层次复杂；其次，学生的学习基础、学习目的、学习动机，以及对所学专业的认识、情感等有着较大的差异，自然就存在着各种各样影响学习的消极因素，增加了教学的复杂程度。

当今世界，全球化程度越来越高，新技术的广泛使用、信息呈指数增长、人口流动、社会转型、气候变化，以及可持续发展等都需要社会从业人员不断更新知识、拓宽视野、培养能力，增强人的发展活力和后劲。职业教育教学，除了满足学生就业的需求，还要为他们提供基础知识，以便他们在职业生涯中进行进一步学习，并且需要考虑劳动者的全面职业发展。

（4）实践教学的中心性、多样性

职业教育实践教学的目的在于通过教学实践和生产实习等多方面的实践课程，使学生巩固、深化和弥补在理论课程中所学习的知识，掌握必要的职业技能，使其具备实际职业能力，并且实现个人价值。因此，教学内容应以实践为重心，将文化、基础和专业课程围绕实践有机地组合起来，为实践教学提供支持。

实践教学可以采用多种方式进行，如实验、教学实习、生产实习和技术推广等。此外，可以在校园内的教室、实验室、实习车间及校外的实习基地和生产现场等地进行。教学环境应根据教学内容和目的的差异而灵活使用，不同环境之间相互配合、互相促进，让学生在真实的职场环境中取得最佳的教学效果。

（二）职业教育教学原则

职业教育的教学活动既与一般教学活动有共通性，又有自己的特殊性。在职业教育教学活动中，除了要遵循一般教学活动的教学原则（直观性原则、启发性原则、系统性原则、量力性原则、思想性和科学性相统一的原则、理论联系实际的原则）以外，还应遵循以下原则。

1. 职业性原则

职业性原则包括两方面的含义：首先，职业院校的教学活动必须以职业领域的实际需求为基础，以培养学生就业能力为主导。其次，在职业院校的教学过程中，要注意立德树人与学生职业意识和责任意识的养成相结合。这是职业院校教学的首要原则。贯彻此原则要做到以下几点。

（1）需要清楚地定义相关专业（工种）未来的职业形态、范围、规范和环境、特点、要求，然后据此明确所需的职业道德、职业知识、技能和能力，以及该领域中科学技术发展的新成果。

（2）教学活动要从职业岗位需求出发去培养、训练和陶冶学生。

（3）入校时要根据未来职业的需要进行职业定向、职业指导；在校期间要着重培养学生的职业知识、职业技能、职业能力、职业道德，使其毕业后能立即或很快地适应某种或某些职业的需要。

（4）坚持立德树人。通过直接参加岗位实践活动，培养学生的职业道德、服务意识、质量意识、合作意识，以及社会责任感等。处理好全面素质发展、职业技能培养和个性需要之间的关系。

2．实践性原则

教学过程中要注重实践性原则，即引导学生理解并运用知识解决实际问题，实现知行合一。培养学生以知识为中介分析问题和解决问题的实践能力，是职业教育培养目标的内在要求。该要求突出理论与实践的结合，即联系学生实际，联系专业实际。贯彻此原则要做到以下几点。

（1）追求培养学生实践能力，是教学活动的主要目标。在教学理论时，应以实践教学的需求为基础，并根据学生未来的职业发展需求有条不紊地进行安排。在理论课程的引导下，让学生熟悉工作环境，掌握岗位工作程序，了解岗位工作中的困难和问题，寻找完成工作任务、创造新的岗位业绩的途径，使学生亲身接触经营管理、人际关系、劳动纪律等，从而对其产生潜移默化的作用，为他们形成职业习惯、获得职业经验提供机会。

（2）加强教学实践活动。根据教学内容的要求，有明确的目的和详细的计划，组织学生进行教学实践活动，促进理论学习和知识运用的结合，增加学生的直接经验，促进对理论知识的掌握。

（3）充分发挥实践教学场地的作用。要充分发挥校内实践教学场地（如实习车间，实验室、演示室等）的作用，同时，还要充分利用校外企事业单位的生产、营业和办公现场针对性地培训学生，使之与现实生产或工作相符合。在实践教学中，学生应该尽可能亲自动手实践操作，提高其实际工作能力和工作经验。

3．情境性原则

通过创建情境的方式，让他们参与其中并感受其中，以便更好地理解事物并形成深刻的感性认识。此外，情境性原则还可以使学生掌握理论知识和形成职业实践能力。贯彻此原则要做到以下几点。

（1）职业教育教学过程要以该专业所对应的典型的职业活动的工作情境为导向，在真实或模拟的职业实践情境中展开。

（2）根据不同的教学目标、教学内容创设不同的情境。以现实生活中的真实的工作环境，或运用现代教育技术创设的虚拟的、逼真的模拟情境等，创设实际生活情境；结合专业课的特点运用案例教学、根据学生感兴趣的生活热点等设计问题情境。

（3）激发学生的职业兴趣和职业情感。职业情境的创设缩短了学生与工作环境的距离，可以使学生置身于具体情境，了解工作环境、工作流程、岗位设置等。应让学生尽快适应职业角色，养成职业习惯，切身感受自身发展和专业的关系，培养职业的自豪感、幸福感、成就感，从而培养学生爱业、乐业的精神，形成职业情感。

4. 指导性原则

职业院校的教学过程是学生在教师的指导下，相对独立的学习专业理论知识和从事专业实践活动的过程。贯彻此原则要做到以下几点。

（1）入门指导

通过检查复习，引导学生运用已学过的技术理论知识和生产操作技能，加强新旧知识的联系和迁移；通过目的明确，内容具体，方法得当，语言简练，重点突出，条理清楚地讲授新课，对设备、材料、工具、图纸、加工工艺、可能发生的故障、技术要点、文明生产、操作规程等进行清楚的讲解；通过步骤清晰可辨，动作准确无误，操作方法规范的示范操作，做好指导；通过分配任务，检查操作准备。

（2）巡回指导

有目的、有计划、有准备地巡回引导学生妥善操作生产技术设备，纠正不当操作方法；要始终保持文明的生产态度，遵守安全操作规程，以确保产品质量的不断提高；将集体指导和个别指导相结合，技术理论和实际操作相结合；注意总结经验，及时鼓励和推广。

（3）结束指导

结束指导是实践教学的终结环节，是在实践教学结束时进行的全面总结，用于检查、验收学生制作的产品或工作，评定学生成绩，全面总结学生操作训练情况，填写教学日志，以肯定成绩、指出不足、鼓励进取、保存资料。教学原则不是孤立存在的，而是相互联系、相辅相成的，它们共同构成了一个完整统一的职业教育教学原则体系。

二、现代职业教育的教学过程

考察职业教育完整的教学过程，可分为教学准备、教学实施和教学评价三个阶段。

（一）教学准备阶段

教学准备阶段是教学的首要环节，其主要任务是做好教学的准备，即备课。

1. 备课的种类

（1）个人备课和集体备课

根据备课主体的不同，可划分为个人备课和集体备课。个人备课是指每个任课教师独自进行的备课工作。优点是不受时间限制，灵活方便，有利于调动教师的主观能动性。集体备课是指几位教师集中在一起进行的备课工作。优点是有利于教师间交流和集思广益，统一教学要求。

（2）学期备课、单元备课和课时备课

学期（或学年）备课或单元备课，是指为某门课程的整个学期或某个单元的教学活动做准备。教师要对学期教学做出全面的考虑和准备，包括教学目标、教学内容、教学方式、教学进度和各章节或各单元的组织、教学资源及其配置所需的学具、教具和各种资源与资料。

课时备课，即教案。是在学期备课和单元备课的基础上，对一节课的教学活动进行细致的准备和设计。内容包括班级、授课时间、授课人、授课内容、教学目标、教学难（重）点、教学方法、教学资源等。

2. 备课的内容

（1）钻研课程

钻研课程包含了探究课程设计和规范、理解课程的核心概念和目标，领会教学的基本要求，掌握教学的内容、范围和深度。通过研究教科书，学生可以掌握课程的基本原理和知识体系，准确理解每个章节、单元或课程的重点、难点和内在联系；广泛阅读参考资料，选取合适的材料充实教学内容。

（2）熟悉生产过程

熟悉生产过程是职业学校教师备课时必须要做的一项工作。本课程的教学设计要求考虑到相关职业或岗位的生产过程、工艺流程、技术要求、操作技能，以及相关机器和设备的构造、性能和维护等因素，以提升教学的有效性。

（3）了解学生

除此之外，我们还需全面考虑学生的知识背景、认知水平、技能水平、学习态度、思维特点和个性特征等因素，使教学过程符合学生实际认知能力和动手操作能力，增强教学的预见性与针对性。

（4）设计教学方式

首先，确定基本的教学方式；其次，在此基础上，需要综合利用多种教学方法和师生互动方式，使得教师的授课方式和学生的学习方式能够相互匹配和协调；最后，通过教学环境的设置，教学方法的运用和讲解，明确教学手段、教学程序，以及教学策略和教学媒体设计等。

（5）编写教案

按照教案的基本结构进行精心设计，并用规范的结构和简练的语言表达出来，形成书面形式的教案。编制教案的过程，是教师对自己组织的每一个教学活动的时空结构进行规范和优化的过程。

（二）教学实施阶段

1. 讲课

在教学过程中让讲课成为教学活动的核心环节，让教师能够向学生系统地传递和讲解相关理论知识，这也是教学活动的基本形式。

讲课的基本要求：一是目标明确：二是内容正确：三是重点突出；四是方法得当；五是组织有序。清晰、准确、简练、生动且富有启发性、条理性的语言，有利于集中和保持学生的注意力，是促进学生不断提升学习兴趣的动因。

2. 作业

作业是课堂教学的延续、拓展和深化，目的在于巩固、消化和运用所学知识。可供选择的方法包括：第一，通过预习或复习进行阅读和思考作业，以及理解或思考阅读材料；第二，口头和书面的作业；第三，实验及操作任务；第四；进行实地考察和社会实践。

完成作业必须满足以下基本要求：符合课程标准，明确表述完成作业的目的；以学生的实际情况为出发点，适度控制内容分量，表达方式多样；在恰当的时机进行评价、追求审查的技巧，并鼓励作业创新。

3. 实验

实验是在一定的限制条件下，使用特定的仪器设备和材料进行观察，以验证某种假设或理论，并以学生实际操作为基础，来获取知识、巩固知识和培养实践能力的教学方法。实验是实践教学的一个不可或缺的组成部分。根据实验的目的，实验可分为以下三种。一是验证性实验。根据已有的理论知识，预先拟订好实验程序，让学生按照实验指导书中提示的仪器、设备、材料及操作步骤，完成实验过程；然后按照规定的观察、测定方法，记录实验结果，得出实验结论。二是探索性实验。通过实验过程对未知事物或已知事物的未知性质进行观察、测试和研究，借以发现新现象，得出新的实验结果，这种实验也称试验。三是设计性实验。以制成某种产品或形成某种工艺路线为目标，运用已有知识和经验进行结构或程序设计，综合应用多种实验手段，尝试达到预定目标的实验方法。

实验教学的基本要求：目的明确，准备充分，过程科学，指导得当，评析实验报告。

4. 实习（实训）

实习是学生在教师或工程技术人员的组织指导下，参与一定的实际工作或生产操作，借以掌握相关技术、技能或综合运用知识于实践的教学活动。实习是专业知识与生产（工作）实际相结合的教学形式，是职业院校教学活动中主要的实践环节。根据实习目的、要求和工作范围的不同，大致可以将实习分为 4 种。

（1）认识实习

实习，也叫见习，是一种实践性教学，学生通过到现场参观了解工作环境、工作流程和学习内容，获得感性知识，促进理论联系实际。

（2）教学实习

紧密结合专业课程，它主要以教学为导向，帮助学生获得基本的操作技巧，感性地认识生产工作，并掌握一定的生产操作技能。此外，实习还有助于学生接受关于劳动纪律、安全卫生、环境资源保护等方面的教育。

（3）生产实习（实训）

生产实习（实训）是学生直接参与生产实习过程的实践性教学，即学生到专业对口的生产现场，以现职人员的身份进行实习，使学生得到实际工作的锻炼，熟悉工艺要求和生产操作过程，掌握直接、迅速顶岗的操作技能，并逐步形成良好的职业道德规范和职业行为习惯。

（4）毕业实习（顶岗实习）

毕业实习（顶岗实习）是在学生毕业前，对其知识、技能要进行全面检查的综合实际锻炼，即学生到企业的具体工作岗位上进行专业理论学习和技能实训，以企业岗位生产的形式进行的实训教学。毕业实习（顶岗实习）需要学生完全履行其岗位的全部职责，能够独当一面，具有很大的挑战性，对学生的能力锻炼起很大的作用。

实习的具体要求：明确实习目的，编制实习计划，确定实习方式，搞好讲解示范，加强巡回指导，讲评实习结果，注意生产安全。

5. 设计

设计是提高学生全面素质和综合职业能力的主要实践性教学环节，分为课程设计和毕业设计。

（1）课程设计

在教师的引导下，课程设计利用特定课程的知识，策划、解决具有一定综合性的问题，是进行某一方面或某一部件的技术基础能力的训练，是工科类专业的技术基础课和某些专业课教学过程中的重要环节，它是理论与实践的重要联系方式，也是培养学生实践能力的重要方式。

（2）毕业设计

毕业设计旨在让学生运用所学的知识和技能，按照培养目标的要求进行全面、系统、严格的专业技术综合能力的培养，并创新地完成符合生产实际需求的设计任务。毕业设计的特点包括综合性、实践性、独立性和探索性，是工科类专业及其他需要培养设计能力专业的学生在校教学过程中的最后一个应用性环节，也是应届毕业生在离校前的综合性独立作业。

（三）教学评价阶段

教学评价是教学工作中的基本环节，是对教师的教与学生的学相统一的收集事实信息并进行价值判断的过程。教学评价主要是对学生学习状况和教师教学质量的评价。职业教育的特殊性和复杂性决定了其评价的特殊性。

1. 教学评价的原则

（1）导向性

职业教育教学评价，其评价不仅需要考察知识和技能的掌握，还要综合评估学生的综合能力。我们需要同时提升考评能力与培养基本素质。在职业教育的教学评价中，职业能力和相关知识是至关重要的评估要素。评价的目的不是单纯地进行评价，而是将评价与指导相结合，以帮助被评价对象全面了解其长处和短处，并指出具体的改进方向，提高其发展动力。

（2）客观性

评价职业教育教学时，应该遵循与职业教育课程相符合的标准、方法和过程，避免主观臆断和个人情感的影响，并不宜盲目套用普通高等教育评价的方式。

（3）过程性

对于职业教育的教学评价，不能局限于一些试卷式的总结性评价。它应该全面考虑学习过程，包括学习结果和学习方式，关注评价学习目标、内容、方式、方法。此外，它也应该同时评价学生成就，不仅要考虑所获得的知识和技能，还应该评价综合能力。因而，职业教育的教学评估应该贯穿整个教学过程。

（4）多元主体性

职业教育教学评价的主体涵盖教学管理机构，负责日常教学管理、监控和阶段性教学检查；作为教学督导，我们会通过多种方式来监督和评估教学环节的有序进行和质量水平。教师的教学态度、教学水平和师德水平等对于学生的评价起到了至关重要的作用。因为学生的评价会受到这些因素的直接影响。老师应当精准地了解学生的情况，以达到良好的教育教学互动。在教学质量监控评价的过程中，企业和其他用人单位是评价的重要参与者。院校应主动寻求社会对自身教育教学质量评价的理念和需求。

2. 学生学习评价

（1）内容

①专业技能评价与社会能力、方法能力评价相结合。职业教育强调对学生关键能力或核心能力的培养，主要包括技术领域中的认知和掌握、决策制定、自我解决问题的能力、推崇高质量标准、团队合作技能、关注环保及具备社会责任心等能力。

②将学习成果评价与学习过程评价相融合。不仅要注重学生的学术成果，也要关注学生的学习过程和方法。通过持续提供评价和反馈来培养正确的学习观念，以促进学生在方法能力和社交能力方面的发展。这样做还有助于确保评价过程的客观性。

③将教学过程的评价与教学效果的评价相互融合。要评价职业教育教学，需要从教学过程和教学成果两个方面综合考虑。对职业教育的教学过程进行评价需要考虑多个方面，包括课前的准备、课堂教学、实践教学、作业的布置和批阅，以及学业成绩的考核等。综合评估学生的学习成果、技能水平、纪律表现、职业道德及素养等方面，是职业教育中教学成效的评估方法。

（2）方法

将具体考试分数作为唯一的评价指标是现代职业教育教学评价的一种局限性，因此，在不同的教学阶段和教学内容下，我们应采用不同的评价方式来进行评价。

①过程式评价

过程式评价是一种评估学生知识、技能和能力的方法，让他们在实际或虚拟的环境中完成具体任务。当学生完成具体学习任务时，教师会评估学生在合作、参与、问题分析、探究和技能掌握等方面的表现，以全面评估学生的表现。该评价注重培养学生的综合知识运用能力、问题分析技巧、协作学习能力和实际问题解决能力。过程性评价重视评价的过程性、公开性、情境性，以及评价标准的多重性。

②研讨式评价

研讨式评价把学生在参与课堂讨论中的表现作为学生学业成绩评价的一部分。在建立师生互信和协作的前提下，运用自我评价、同学互评和教师评价等方式，促进师生之间、生生之间中肯和谐的互动和交流，肯定进步，树立自信心，指出不足，虚心接受并努力改进，形成积极健康的心态。具体方法包括以下几个方面：一是确定研讨的目标、评价标准及达成这些目标的途径；二是选择适当的文本作为研讨的内容；三是教师发起问题并鼓励师生一起讨论，从中引导学生进行对话与思考；四是采用设计讨论过程或记录表来分析、对比一系列讨论记录，并根据结果评价学生的成绩。

③答辩式评价

答辩式评价旨在评估学生的口头表达和批判性思维能力，将知识转化为口语表达。该评价提高了学生的口语表达和反应能力。常见的课堂提问方式存在单向性，只简单地区分正确与否、完整与不完整。相比之下，答辩形式更加注重师生的双向互动和交流。在答辩过程中，不仅需要回答问题，也需要拓展思路、进行辩论，从而提高学生的认知和表达能力。

3. 教师教学评价

教师教学评价主要包括教师教学过程评价和教学绩效考核。教学过程评价主要是考查评价教师钻研和使用教学材料，以及教师运用相关教学方法、教学手段的活动。具体说，就是从教学活动的各个环节入手予以评价。例如，备课、上课、作业等环节。教学绩效考核主要通过考查学生的学习习惯与方法、学业成绩及能力发展情况来进行。

4. 教学评价的实施程序

一般来说，实施教学评价需要进行 3 个步骤：制订评价量表、实施教学评价和分析评价结果。

（1）评价量表的制订

职业教育教学评价量表的制订需要综合考虑理论、技能和素质评价。此评价旨在评估教师的理论教学和实践教学能力，同时也考虑到了道德修养和教学科研水平的评估。学生的评价也应综合考虑他们的理论知识、技能、思想道德和身心健康。

（2）教学评价的实施

①组织安排。统一部署，组成考评小组，对各班半数以上的学生及任课教师进行考评。

②对时间进行评估。每学期进行两次，布置期中和期末作业。

③对内容及方法进行评价。根据所设立的教学评价标准，对教师和学生进行考核评估。

（3）评价结果的分析

①评价资料的整理。运用教育统计学原理和信息技术手段，对评价所得到的信息资料和数据进行去粗取精、去伪存真的量化分析、处理和加工，在此基础上，形成综合判断，获得评价结果。

②评价结果的分析。对于职业教育而言，需要遵循教育的常规标准，并采用现代教育所适用的教学方法，才能确保其有效性和高效性。因此，为了确保职业教育的质量，应深入分析评论，找出问题的症结所在，并提出具有针对性的改进途径和建议，这样做不仅可以帮助被评者更好地接受评判，而且还可以及时改进其工作；对评价工作质量进行检查、分析、鉴定。

③评价结果的处理。将评价结果反馈给师生和相关部门，以便于改革教学状况，从而进行宏观督促和调控，也便于师生自我监控、自我调整、自我反省和提高。

第二节　现代职业教育的具体教学方法

一、现代职业教育的教学方法体系

基于以上对职业教育长期以来形成的教学模式及其本质特征，应当能够对其教学方法体系的构成基础有一个较为明确的认识，下面进一步分析教学方法。

（一）建构职业教育教学方法体系的理念

考虑职业教育的独特性，要在教学中注重理论与实践相结合，知识与技能相统一，以实现毕业生能够获得双重证书（即学历和技术等级或职业资格），以此为根本理念，形成一套能够适应职业院校的理论教学与实践教学要求的教学方法体系。

在考虑到上述因素之后，构建职业院校教学方法体系时，应适应当前社会、科技、经济高度发展的需求，广泛运用现代教育中先进的教学方法与手段，以提高职业教育教学的质量和效果。

此外，在构建职业教育教学方法体系时，还要兼顾创新性。教学方法是有其常规性和普遍性的，但作为职业教育的教师，应当积极地致力于创造和发展新的教学方法以适应职业教育培养可持续发展人才的目标；不仅要积极借鉴与学习国内外已有经验，还要融会贯通，不断创新。

（二）职业教育教学方法体系的构成

职业教育教学方法体系主要包括两个方面。

1. 理论性教学方法类型

在职业教育的理论性教学方法中，强调传授和掌握知识与技能，同时注重提高学生的理论修养和促进创新能力的发展。这种方式涵盖了讲解教学法、讨论教学法、交谈教学法、自主学习辅导法、展示教学法、实践教学法、参观教学法和练习教学法等不同的教学方法。

2. 实践性教学方法类型

职业教育的实践性教学方法应强调培养技术应用型人才，重视实际操作能力的提升，强调在真实场景下学习和实践，使学生能够将理论知识转化为实践技能，并具备发挥创新能力的能力。实践性教学方法的核心指导理念应当是以行动为导向。20 世纪 80 年代以来，行动导向理论成为职业教育教学的重要理论来源之。“行动导向”是一种指导思想，其宗旨在于培养学习者具备自我判断的能力，“行动导向”教学意味着依据学习目标、内容、方法和媒体等要素的组合来传授和应用知识，即在整个教学过程中创造出教与学和师生互动的社会交往的仿真情境，把教与学的过程视为一种社会的交往情境，从而产生一种行为理论的假设。这种理论是在当代心理学最新发展成果的基础上，对职业教育教学理论和方法的深入研究和构建。

二、现代职业教育的理论教学方法

（一）讲授教学法

讲授教学方法是一种由教师向学生口头表达、解释和演示的系统传授知识的方法，是一种“传播－接受”模式的教学方法。通过运用讲授法，职业学校的教师可以用逻辑分析和论证，通过生动形象的描述和说明，以及具有启发性和引导性的质疑和解答，帮助学生在短时间内全面系统地掌握知识。

1. 讲授教学法的优点和缺点

讲授教学法由来已久，在人类教育中一直是最重要的教学方式之一。它有几个显著的优势：第一，它能够直接、高效地传达职业课程中特定的知识和技术原理。为了进行实践教学，教师必须运用讲授法对这些内容进行详尽的分析，这是一个至关重要的前提和基础。第二，采用讲授法教学的成本相对较低，教师可以在短时间内系统而连贯地向学生传授科学知识。第三，教师能够更加方便地管理所需传授的教学内容和所需时间，从而更加有利于发挥教师的主观能动性。第四，具备高度适应性和强大的灵活性，能够应对各种场景，随着学生的反应做出及时调整，从而引起学生的兴趣并促进他们的思考。第五，具备将思想教育融入其中的能力，并能深刻影响人心。

讲授教学法的缺陷也显而易见：第一，这种方法是一种单向传统的教学方式，只有教师发言而学生听取，这种教学方法的有效性很大程度上取决于教师的语言表达能力，因此不同的教师使用该方法的效果会存在明显的差异。第二，讲授教学法的成效在很大程度上取决于教师的讲解能力，如果讲解不恰当，可能会导致学生在学习过程中处于被动状态，从而削弱他们的积极性和创造性表现。第三，职业教育教学需要将理论和实践紧密结合，尤其是强调培养学生的动手操作和创造性的制造能力。因此，过分依赖于传统的讲述式教学方法并不适合职业教育，可能会使教学效果不佳。

2. 讲授教学法的实施策略

（1）在基础学科学习和低年级学生的教学中，应当广泛地使用讲授教学法。如在会计课的教学中，根据不同阶段的教学内容，采用不同的教学方法。对于统计专业的学生，开始接触会计课程时，先开设“基础会计”，以使学生掌握扎实的基础理论和基本概念。如果在此阶段主要采用讲授教学法，通过课堂面授，辅之直观形象的教学手段，将会计的基础理论和基本概念以实物或图示的形式表现，可以为学生继续学习专业会计打下坚实的理论基础。

（2）在讲授具体课程时首先要激发学生的学习兴趣。运用讲授教学法要促使学生产生对本学科的兴趣，从而产生学习的内在动力。教师应当指导学生对本学科产生某些基本的认识，让学生对该科学习做到心中有底。

（3）对教学内容进行分析和研究。在分析和研究教学内容时需要特别关注三个方面：重点内容、难点内容和关键内容。教学重点涵盖了学生需要掌握的基础知识及教材中特别突出的内容；教学难点指的是学生在理解和掌握某些知识和内容时遇到的困难和障碍；教学关键点指的是教材中至关重要的知识和内容，一旦学生掌握了它们，就可以比较轻松地理解和掌握其他相关的知识和内容。在进行讲授教学法教学之前，教师必须深入了解这三点，掌握其要点。

（4）积极提高课堂讲授艺术。首先，需要教师在课前认真备课，既备教学内容，又备学生、备教法，对于教学内容与具体教学方法的匹配做到心中有数。其次，要确保在授课时对教材内容有详尽的了解，并且能够熟练地运用不同的教学方法。措辞优美并富有表现力，精心捕捉关键及难点，系统而逐步地进行解释，呈现一种清晰和有条理的结构。教学时自然流畅，写在黑板上的内容整齐划一，课堂总结和推理能力都非常出色。在教学中应尽量使用易于理解的教学方法，让学生更容易理解。善用教学工具如挂图、模型、投影片等，以便深入浅出地讲解教材，使学生易于理解并掌握知识。最后，需要留意在讲授中运用提问法、反问法及设问法，为学生提供充分的思考机会，以促进他们的思维能力和理解水平的提升。

（二）讨论教学法

讨论教学法是一种让学生在教师引导下，以全班或小组形式探讨某个问题，通过积极参与讨论或辩论活动，以加深对知识的理解和巩固掌握的教学方法。这种方法是通过师生共同讨论、相互交流的方式，为学生提供新知识，解决问题，塑造观念。

在教学中有许多不同的方法可以用来讨论，例如让学生围绕一个主题进行多方面的讨论。教师先提供题目，引导学生展开讨论。通过辩论来探讨各种不同的观点。

1. 讨论教学法的优点和缺点

通过讨论教学法，可以激发学生的参与热情，使得他们积极参与到对所学知识的探究和交流中。这种互动有助于大家共同学习、相互启迪、集思广益、取长补短。同时，讨论教学法也能培养学生的团队意识和协作能力，使他们能够更好地在合作中成长和发展。这种教学方法针对性强，能够激发学生的学习兴趣，同时也有助于引发他们的灵感和培养出创新思维。它的劣势在于：控制讨论过程有一定难度；学习效果不理想；学习进展缓慢；在讨论中经常会出现离题现象。对于讨论来说，学生必须拥有足够的背景知识，这与学生的水平密切相关，才能达到良好的学习效果。因此，最好将此方法与其他教学方法相互融合使用。

2. 讨论教学法的实施策略

运用讨论法开展教学，并不是一种“省事”的方法，相反，此种教学法同样要求教师要精心准备，并且能够很好地引导和控制讨论过程，还能够使学生通过这种教学方法学到应该学会的内容。因此，教师运用此种教学法需要注意如下几点。

（1）拟定适当的题目

在讨论之前，选好讨论的主题是最为关键的。教师要根据教材内容、教学目的、学生年龄特征、知识水平精心拟定富有启发性的讨论题目。

（2）组织和指导讨论

要实施讨论教学，教师必须强化组织和指导，并且关键在于“引导”，核心在于“指引”，目的是确保讨论始终聚焦于核心议题，朝着预定的方向有序展开。为了确保讨论教学的高效性，教师需要注意以下几点：第一，教师要事先熟悉所讨论的问题，并且做好指导学生讨论的准备，适当地鼓励和启发学生的求知欲，增强其参与意识；第二，讨论应当分组进行，每组一般 7～10 人，小组讨论之后，再由各组代表向全班汇报结论；第三，讨论过程中，如出现离题、讨论面过宽、学生讨论“钻牛角尖”时，教师要及时纠正，将讨论引向主题，向学生指出讨论的重点和思维方向；第四，鼓励学生进行创造性思考，提出独创性建议；第五，教师应当控制讨论的进程，尽量使每个学生都能参与到讨论之中。

（3）做好讨论的总结工作

首先，要在开始讨论时妥善引导和组织，其次，讨论结束时，应根据中心问题和讨论情况进行概括和总结，以确保精华被传达并对学生产生积极影响。经过讨论，学生的回答和建议可能是多种多样的，这就要求教师必须对学生的不同观点给予明确的答复，要对讨论题目表明自己的观点并做出正确结论，以使学生掌握系统理论，解决存在的思想认识问题，切不可模棱两可，含糊不清。对于一些无法在当下给予解决的问题，教师也应当表明态度、厘清思路，鼓励学生进一步思考。对学生经过集思广益后有创见的回答则应当给予肯定和表扬。

（三）谈话教学法

谈话教学法又叫问答教学法，是在教学过程中用口头问答的一种方法，被应用在各等级的教学中，成了一种非常重要的教学方法。并且在职业教育理论教学中同样适用，比如用于一些技术操作要领、规程的问题。按照教学来目标，可以分成三部分内容，分别为再现式谈话、问答式谈话和启发式谈话；按照实践教学任务，可以分成四部分内容，分别为引导性谈话、复习巩固知识的谈话、传授新知识的谈话和总结性谈话。

1. 谈话教学法的优点和缺点

在现代教学中谈话教学法已经普遍被接受，并且对师生来说有着积极的影响，其优点具体包括以下几方面：一是在针对性的问答和谈话过程中，这种方法可以引起学生浓厚的兴趣，吸引学生的注意力，培养学生的思维能力，引发学生的思维活动，以及提高学生的语言表达能力；二是利用谈话教学，教师可以增加学生的新知识，开阔学生的思路，深化学生对知识的理解、认识；三是将谈话教学法运用到传授操作技能的教学过程中去，在教师的引导下，可以使学生发现问题、寻求假设、进行实践试验等，提升学生手脑并用的能力。

但是谈话教学法还有一些缺点存在，其劣势显而易见：一方面，谈话教学这种办法，对教师的能力有着一定的要求，它不仅要求教师具备良好的语言表达能力、谈话技巧，还要求教师具备教导学生形成正确的世界观、价值观、人生观及指导学生脱离思路困境的能力，以此来保证教学效果；另一方面，这种教学法不适合教师全面地、系统地给学生讲授知识，它只适合指导针对性、目的性强的问题。

2. 谈话教学法的实施策略

（1）教师在上课前需要备课，根据教学目的、重点和学生情况来制定大纲。

（2）教师不仅要对所提出的问题做到心中有数，而且要对学生可能出现的回答和反应有所设想和准备，并对如何应对有进一步的考虑。因此，运用谈话教学法切忌不假思索、信口乱问，同时也要避免形成教师即兴提问、学生一起回答的局面。

（3）教师提问要面向全班，避免先点人、后提问的方式。这种方式使学生没有充足的时间去思考问题，教师不能完整地了解学生对知识的掌握到底怎么样，同时，如果教师只提问其中的一个学生，那么其他的学生对于提问的问题不会认真思考，所以，教师在讲课过程中，要面向全班学生进行提问，并给足学生思考的时间，之后再点人来回答问题。

（4）因材施教，根据学生的差异设计问题。教师的提问在注意普遍性的同时更要注意针对性，要设计难易程度不同的问题，选择不同层次的学生回答，使所有学生都能积极思考，有所收获。

（5）教师提问时，语言必须准确清晰，问题的呈现必须精炼而简明，要使学生能够清楚地知道教师提问的内容。

（四）自学辅导教学法

学生的年龄特征和职业院校的培养目标这两方面内容要求在教学过程中，为了培养学生在自学方面的能力，需要给足学生学习时间和自学机会，所以，在职业教育中自学辅导教学法是非常重要的一部分。

自学辅导教学法，就是在教师的指引下，学生自己学习教材内容，自己动手做实验，来达到自学成才，通过这种方法来获取学习知识、提升学习能力、养成自学习惯。自学辅导法自运用以来，从实施上来讲，最重要的是在选择学生自学内容时，内容一定要有关联性。所以，这就要求教师不能为了简便才选择这种教学方法。在教师使用这种方法进行教学时要考虑两方面的内容，一方面要考虑学生现在已经掌握的学习知识能力；另一方面要考虑教学目的的针对性和教学内容的重难点。这两方面要求教师要提前系统地了解所用教材，明确适合使用自学辅导法的学习内容。

1. 自学辅导教学法的优点和缺点

自学辅导教学法的一个最大的优点就是可以提升学生自学的能力。长时间地使用这种教学方法，可以激发学生的学习兴趣，养成其自学的习惯，学习是无止境的，在这个需要终身学习的时代里，这种教学方法被人们渐渐接受。另外，自学辅导法对学习内容有着一定的要求，所以教师可以使用学习心理学的原则，为学生挑选合适的学习内容，以便学生更好地理解所学习的课程内容。

在长时间使用自学辅导法过程中，对学生所需要学习的内容有过误解，所以，在选择使用此种方法时，要让学生形成的正确认识，反之，教师的指导作用就不能完全地发挥出来，学生的学习结果也往往差强人意。

2. 自学辅导教学法的实施策略

（1）确立寓有效学习心理学原则于教学内容之中的原则。教师在选取学生自学的学习内容时，必须贯彻好有效的学习心理学原则，即教师要求学生进行自学的内容应当是服务于课程总体的教学目标和学生的培养目标，并且能够有效地促进学生的发展和知识的增长的。因此，我们反对长期以来形成的认为“自学辅导教学法是针对那些无关紧要的教学内容而使用的教学方法”的错误想法。

（2）在自学辅导的过程中要始终贯彻强化动机原则。在使用自学辅导法的过程中，需要调动学生的学习积极性、动机，激发学生对知识的渴求，这样才能提高学生自觉性，所以对自学来说最重要的一点就是需要强化学生的学习动机。

（3）班集体与个别化相结合的原则。使用自学辅导法进行教学，可以将某些矛盾体统一管理起来，比如“个别化”和“班集体”。在教师的指导下，同学之间相互帮助、相互学习；班集体可以举办一些教学活动，加强学生之间的感情、交流；教师在辅导的过程中，可以多关注一些不同性格的学生，来实现个别化因材施教的目的。

（4）自检和他检相结合的原则。在验收学习结果时，需要学生、教师相融合，来提高彼此的主动性、积极性。换一句话说就是，把自检和他检结合起来，使学生养成自检习惯，提升自检能力。

（五）演示教学法

以直观感知为主的教学方法被称为演示教学法，是指在教学过程中，利用教具及示范实验，来使学生获得、巩固知识的一种方法。在职业教育教学的过程中，如果需要用到业务操作技术时，教师可以利用实物指导学生操作，在讲台上逐项为学生演示，以达到学生熟练掌握操作要领的目的。如财会教学中的填制凭证、记账、编制报表等。

1. 演示教学法的优点和缺点

在使用直观性的演示法教学时，教师需要向学生展示实物、直观教具等，让学生获取感性知识，对课本内容有新的认识，这样学生才能更正确、更深刻地掌握概念、内容等一些理性知识。此外，利用演示，也可以培养学生观察、思维的能力，激发学生学习兴趣。

尽管演示教学法在教学中很有用，但并非所有的学习内容都可以通过演示的方式传达。演示装置移动不便，妨碍了培训场所的灵活调整。这种方法的缺点在于，在演示前需要投入相当的成本和精力进行准备。

2. 演示教学法的实施策略

在职业教育教学中实施演示教学法，为了支持教师采用演示教学法，应当提供所需的硬件设备，比如多媒体教室、投影仪、实物模型和流程模型等。同时，为了增强演示的教育效果，教师需关注以下几个方面。

（1）要根据教学内容和目的选取合适的示范教具，事先准备好所有的用具，搁置整齐，并能预演一次。

（2）在教学中要让所有学生都能看清示范物，此外，考虑到学生可能长时间注视演示设备而出现注意力不集中的情况，因此，在应用演示教学法的同时，应结合讲授、谈话等其他教学方法使用。在讲授时要注意联系实际，这样既一目了然又印象深刻，可以取得事半功倍的效果。

（3）在进行演示时，教师需要明确表达观察目标，并指导学生充分利用各种感官，聚焦于演示对象主要的特征、方面或事物的演变过程。同时，还要加强学生的空间想象力和思维能力。

（4）在展示部分内容后，需要给予学生实践操作的机会，以加强学习内容的记忆和理解，并在学生完成操作后及时进行反馈。

（六）练习教学法

采用练习教学法是为了在教学过程中反复演练特定的动作，以培养机械反应，或让学生形成特定的习惯或技能，并可帮助学生记忆教材中的特定段落。

1．练习教学法的优点和缺点

练习教学法的使用可以实现以下效果。

（1）能够养成机械的习惯

人们生活中会有很多重复的动作，通过不断的感官、肌肉和认知的训练，这些动作可以变得自动化，成为一种固定习惯。

（2）能够养成熟练的技能

要学好一项技能，必须不断进行锻炼和练习。在职业教育教学中，要求学生能够熟练掌握各种实用技艺，因此需要采用练习教学法。教师应当引导学生进行反复练习，并达到精通程度，以便能够熟练运用所学知识。

（3）能够强化正确记忆

通过认知学习的方式，我们可以将重要的学习材料和经验转化为知识。因此，在日常生活中我们需要经常使用它，需要记住它，并通过练习和教学法使学生熟练掌握，以确保形成正确的观念。

要留意的是，针对教学法的训练通常需重复记忆或操作，这样的过程很容易让学习变得索然无味。此外，如果教师无法向学生传授记忆和技能建立起来的客观规律，那么学习便可能变成了单纯的死记硬背。

2．练习教学法的实施策略

（1）从总体而言，练习教学法应当遵循引起学生学习动机、教师示范讲解、学生模仿、学生反复练习、教师评价练习结果等几个步骤。

（2）教师要使学生明确练习的目的、要求和掌握有关练习的基础知识。在练习过程中，教师要妥善地加以指导，及时观察、纠正学生的错误，技能练习更要注意安全性。

(3) 要系统地练习；练习要循序渐进，先要正确，再求速度；方法要多变化，手段要经济简化；练习时间宜短，次数宜多。

(4) 组织练习时需考虑到个体差异，关注创新性的练习，采用因材施教的方式进行指导和组织。

(5) 要及时评价练习结果，使练习后达到能够应用的程度。

总的来说，在职业教育教学中，我们可以采用多种理论性教学方法，每种方法都有其适用的情况。教师应该根据具体情况进行适当的调整和综合运用。

三、现代职业教育的实践教学方法

（一）要素作业复合法

要素作业复合法，按照技能掌握程度的原则，通过分解工种为简单工序，由简到繁、由易到难的方式，让学生逐步掌握每个要素工序，以便进行复合和应用，最终形成简单的作业流程。这种方法是通过对手工生产劳动过程的分析来实现的。接着，通过接触新的工序，逐渐提高作业的复杂度，使学习成为一个逐步深入、渐进式的过程，以此不断提高学生技能水平。

要素作业与个别工序复合作业相结合，既能够提高对某项工作的掌握与熟练程度，又能够不断熟悉与掌握所在工种的整体技术，因此是一种行之有效的实践性教学方法。

在使用中，应当注意以下策略的把握。

第一，为了能够精确地确定作业的工序，必须认真分析工种的特点，找出其原理和步骤所在，分解出最基本的要素工序。

第二，为了使用此种方法，学校必须要具备相应的实习工厂，备有各种工具，陈列以某些操作要素的作业方法为基础而加工成的各种单元作业板，让学生按照规定的程序进行制作。

第三，要根据学生的心理特点和技能水平，来确定作业复合的进度和难度。在进行实践和操作之前，学生需要接受详尽的理论解释。在操作中，需要及时接受指导。

第四，在不断的实践和学习中，强调对学生技能的形成进行及时的反馈和调整。

（二）模拟教学法

模拟教学法旨在营造情境教学氛围，促进师生互动，特别是激发学生的积极性，使其主动参与学习。在这一背景下，学生通过反复练习，有望内化并表现出符合现实经济活动需求的自然行为、智力和职业技能。因此，他们将在专业、方法、社交和个性等方面得到提升。

模拟教学法是一种针对教学目标和环境的指导性教学模式，它主要通过行为引导的方式来进行教学。这种教学方法适用于那些已经掌握了专业理论知识，并希望进一步了解职业技术基本原则、具体操作方法和实践形式，以培养良好的操作能力的学生。该方法通过模拟环境、模拟角色、模拟操作程序等，达到教学理论与实践的统一。

1. 模拟教学的分类

模拟教学可以被分为两种类型。

（1）模拟设备教学法

模拟设备教学法的主要特点是使用设备模拟作为教学的支持方式。该教学方法不害怕学生因操作失误而导致不良后果。一旦出现失误，可以重新进行训练，或者可以进行特定技能的单项训练。通过自我反省和及时改正错误，学生在模拟训练中能够领悟正确的方法，并加深记忆。学生可以在学校实验车间使用机床进行操作，制作模型等实验。

（2）模拟情境教学法

此教学法通过构建一个虚拟社会场景，利用具有相同功能和工作流程的模拟活动进行专业学习，以达到类似于实际操作的效果。这种教学方法可以让学生在真实的社会环境下更好地了解未来职业岗位，并且深入了解行业规范，促进学生职业素质的全面提高。

模拟公司法是模拟情境教学法中的一种主要方法，值得特别提出。“模拟公司”这个称谓起源于20世纪50年代的德国。该称谓所指的是人工创建的、在仿真模拟环境下进行的经济活动，在经济相关的专业教学中被作为实践教学场所和组织形式使用。学生可以亲身体验业务操作的全部过程，深入了解各个环节之间的关系，而无需承担任何经济风险。根据经验来看，模拟公司的引入可以有效解决职业学校经济类专业实践教学时所面临的难题，从而有益于培养学生的实践能力并丰富他们的学识。

2. 模拟教学法的实施策略

（1）开展模拟教学的前提条件是建设符合教学要求的场地和设施

在现代职业教育教学中，大量建设一流的实验、实训基地，以及通过计算机建立虚拟的仿真教学环境都可以为开展模拟教学打下基础。

（2）模拟教学可以有不同的教学目标与任务

在模拟教学中，可以针对不同的教学目标和任务，进行单项技能、综合技能和应用能力的训练。单项技能是综合技能形成的基础，而实际应用能力的形成需要不断进行重复训练和模拟。

（三）顶岗实习法

顶岗实习是一种教学方法，其目的是让学生在生产一线进行实习，将所学知识综合运用并进行综合实践训练。该方法旨在尽可能与学生毕业后的就业结合，在职业院校中，毕业实习也可以被称为顶岗实习。这种实习通常具有双重目的，不仅要完成与本科院校同等难度的毕业论文，还需要在实习期间考虑解决自己的就业问题。运用这种教学方法需要关注以下要点。

第一，实习单位的选择应该与实习任务的目标相一致。选择合适的实习单位是实习任务顺利完成的关键因素，因此必须确保所选单位的培养目标与自身专业相符合。选择单位时应遵循以下原则进行：首先要考虑能否发挥自己专业特长；其次应该优先考虑职位和待遇，但不应将其作为最重要的选择因素；最后还要考虑单位是否能提供持续的个人发展机会，自己是否能为单位做出有效贡献。在安排实习岗位时，应充分考虑学生的个性特点，自己是否实行专业教师推荐和学生自我推荐相结合的原则，以确保实习单位的合理安排。

第二，选题应与当前社会热点问题相关联。一旦学生开始实习，便需要确定研究的课题。所完成的论文必须符合专业要求，与行业生产、发展密切相关，并体现出与社会的紧密联系和必要性。此外，论文还需具有一定的社会价值。

第三，实习和就业紧密相连，相互关联。通常，学生在选择实习单位时会优先考虑那些有可能提供就业机会的单位。“用人需求”表示单位需要员工，但这并不意味着就能够实现就业。因此，在实习期间，学生应该全心全意地投入工作，并且充分运用所学知识，以展示自己的才华，并为未来的就业做好充分的准备。

职业教育重视实践性教学，旨在培养学生将理论知识运用于实际操作技能的能力，并使其深刻认识和体验未来工作环境和岗位要求。运用实践教学法时，需要遵循灵活性、综合性、创造性的原则，以保证教学效果的最大化。

四、现代职业教育教学方法的选择与运用

（一）教学方法的选择

1. 选择教学方法的意义

对于职业教育的教学来说，在初期的教学实践中，世界上的各个国家都找到了许多适应性本国的教学方法。这对于教学来说有着极大意义，也同时为教学的顺利开展打下了扎实的理论与实践基础。但是，在实际教学过程中，不是运用的教学方法越多，教学的效果就会越好。所以，这就要求教师要认真选择教学方法，并且提高选择教学方法的能力，对于处于教学一线的教师来说是一项非常重要的工作。

据著名教学论专家孔德拉秋克所述，教学的成败在很大程度上与教师所采用的教学方法密切相关。要确保知识的明确、具体、有依据、有效和可信，就需要巧妙地运用教学方法。因此，职业教育应该具备科学的、恰当的教学方法选择能力。要想提高教学效果，首要的是正确运用教学方法。

2. 选择教学方法的依据

职业院校的教师需要考虑以下条件来选择和使用教学方法。

（1）依据职业教育教学的目的和任务

职业教育的教学目的和任务对职业教育教学中的知识、技能、方法等方面都具有一定的要求，并在学生的智力、思维品质、心理素质及身体素质等方面的发展上提出要求，在职业教育教学的各个环节中都得到体现。作为教师，需要在整体上确保达成教学目标，同时也需精准掌握所负责的具体课程及其教学单元的目的和任务，以实现教学目标在宏观和微观层面的统一。要准确把握教学目的和任务，就必须精选合适的教学方法。当传授新的知识时，我们需要选择适合语言传递信息或直接感知的方法。如果我们希望学生掌握一定的技能和技巧，那么我们需要以实际训练为主进行教学。

（2）依据学生的发展水平

学生的成长状态包括知识水平、智力发展、思想品德素质和身心健康等多个方面，这是教学方法选择的主要指导因素。教师应该关注学生的年龄、身体状况、心理偏好、学前基础、对不同教学方式的接受程度、学习主动性、态度、自我评估学习成果的技能。如果学生具备出色的学习水平、坚实的学习准备基础和强大的学习能力，那么授课者可以采用多种教学方法，例如演讲、讨论、实验室实践、自主学习、演绎、探索发现、专题检查等，同时也可以通过问题启发学习兴趣，

以及用义务责任激发学生的学习动机。如果学生的学习水平不高、学习准备基础薄弱、学习能力有限，那么教学方法可以采用谈话、讲解、讲述、演示和展示、练习、随堂实验、归纳法、引导学生复述和模仿、日常检查，以及通过新奇现象来激发学生的学习兴趣等方式。

（3）依据教学内容的特点

教学目的和任务会得以实现。因此，选择合适的教学方法不仅要考虑学科的特点，同时还要考虑课程内容的特点。比如说，为了让学生更好地掌握理论内容，应该采用讲解、谈话或讨论等方法；而对于需要进行练习和操作才能掌握的实验技能，则应选用操作教学法，而不是使用语言或直观的方法等。

（4）依据教师本身的条件

在选择教学方法时，需要考虑教师的能力和特点，以便符合其个人教学风格和视角。教师的教学方法选择受多种因素影响，包括运用基本方法的能力、熟悉不同教学方法的程度、擅长的教学特长、习惯和风格等。同时，教师需要具备优选教学方法和综合运用各种教学方法的能力和经验。教师如果擅长口头表达，就能更有效地利用语言方法。教学实验方面表现优异的教师通常会运用展示实验、实践实验及探索性发现实验等多种方法来帮助学生学习。有思维敏捷、组织能力强的教师会善于利用谈话法和讨论法，这些方法可以带来更好的教学效果。教师在挑选教学方式时，应当重视自身长处，避免短处，逐步提升自己的教学水平。

（5）选择教学方法要考虑时间、设备等条件

在选择教学方法时，教师应该考虑到时间和设备等条件的限制。由于讨论法、参观法和自学辅导法需要更多的时间，教师需要根据时间充足程度来选择教学方法。如果选择使用操作教学方法，也需要考虑是否有足够的设备可供使用。同样，选择参观法也需要考虑是否有符合要求的参观对象可供选择。

（二）教学方法的运用

1. 树立整体性观念

针对不同的学生群体和学习内容，不同的教学方法具有各自独特的适应性和效果。虽然每种方法都存在优点和缺点，但在培养学生全面发展方面，它们发挥了不同的作用。因此，在运用教学方法的同时，需要充分利用其优势的同时也要考虑到其限制。为了实现优点互补，必须将职业教育中的各种教学方法视为一个完整的体系。教师需要始终保持全局视野，并善于结合不同的教学方法，充分发挥教学方法体系的整体优势。教学过程是由教学任务、教学内容、教学环境、教

学对象和教师素质共同构成的，这些要素相互作用、相互影响，形成了一个不断变化和发展的复杂教学氛围。随着这些因素的变化，教学手段需要做出相应调整，因此需要采用各种不同的教学方法来达成目标。在实际的教学过程中，教师需要适应各种变化因素，不能固守教案，而应灵活调整教学方案，根据教学进展情况采用合适的方法，有时甚至需要随机运用，以达到最佳的教学效果。因此，理解并运用多方面、灵活的教学方法原则是非常必要的。

2. 落实理论与实践相结合的根本原则

职业教育的核心目标在于培养高素质技能型人才，这类人才与传统技术工人存在本质区别，不仅需要成为现代科学技术的实践者，更要在创新和更新现代技术方面具备能力。因此，职业教育教学应当注重实际技能的培养，同时也需要加强理论知识的掌握。这样，理论教学与实践教学可以同时得到重视，使学生在理论知识和实际技能的学习中都能得到充分发展，从而帮助他们成为既有知识又掌握实际技能的人才。我们反对对高职业教育学中的够用原则的片面理解，更反对将其教条地解释为所谓的“技能型”概念。在当前经济社会发展的重要阶段，随着可持续发展理念的强调，坚守单一、狭隘的“技能型人才和知识型人才是互不相通的”思维方式，无视人才培养过程中的可持续发展，是非常狭隘的看法。

因此，职业教育教学必须坚持理论与实践相结合的原则，不能只强调实践性教学方法，应该在合理运用理论教学方法的基础上，将理论知识与实践相结合，以便深刻理解和掌握理论知识。将理论应用到实际操作中，通过实践来深化理论理解。故此需要教师们在教学中熟练掌握理论性和实践性教学方法，不能偏袒其中任何一种，而应根据教学目的灵活运用，以提升教学效果。

第三节 现代职业教育的教学的模式

一、产教结合教学模式

产业教育是学校与企业合作的一种教学模式，旨在培养具备实际工作技能和就业竞争力的优秀人才。长期以来，产教结合、校企结合受到世界各国的重视，均视其为发展职业教育的普遍规律之一。

产教结合是职业教育适应经济结构调整、走新型工业化道路、加快培养技能型人才的需要；是坚持以就业为导向，大力推进职业教育改革与发展的需要。通过借鉴国外职业教育产教结合的先进经验，结合我国的实际情况，我们发现，职业教育在实践产教结合的教学模式时，必须要将职业教育与国家及地区不同时期的经济战略结合起来，要将职业教育与不同地区的经济发展结合起来，并且在进行职业教育的过程中将企业与学校结合起来，及时了解劳动力市场的需求，迅速调整职业结构，更新职业培训内容，调整专业设置，使之与产业用人需求相适应，有针对性地培养和提高学生的职业技能和创业能力。

职业教育实行产教结合教学模式是由其特定的任务所决定的。这不仅适应了社会经济和产业发展的需要，能够培养出适应不断发展变化着的科技和工艺要求的合格人才，同时也为职业教育的受教育者提供了更大的就业机会，优化了教育资源和劳动力资源的配置效率。

二、产学研结合的教学模式

职业教育不仅要立足于产教结合的教学模式，更要逐渐向产学研相结合的教学模式发展和转变。产学研合作，是指将生产单位、学术机构和研究单位有机地联合起来，共同推进协调发展的过程或活动。除了科研成果转化、产品和技术的开发与应用外，产学研合作教育还涉及人才培养的方面。产学研结合教育模式与传统教育模式最主要的不同之处在于前者与市场经济和社会之间的联系更加紧密，这种联系程度高于后者。

产学研结合是职业教育的重要特色，既是职业教育人才培养的重要途径，也是职业教育推动社会经济发展的重要方式。通过产学研合作，可推进学校与生产用人部门的广泛合作，发挥职业院校的技术科研优势，面向市场、面向经济建设和社会进步的主战场，使职业教育真正推动经济发展；并在合作中通过生产实践促使学生把理论知识转化为实践能力，提高学生综合素质与创新素质，使学生认识到利用知识创造性地改造传统设备、实现技术进步的重要性。

因此，产学研合作是一种互惠互利的行为。通过产学研合作，职业学校能够借助产业部门的实践环境、实训或实习场所，方便地进行研究成果的实验和转化。产业领域可以和职业学校进行产学研合作，借助学校人才丰富、技术力量雄厚等优势，在创新新产品、技术改良、人才培训及技术咨询等方面获得支持。职业教育在产学研三者中，始终把教学置于核心地位，生产和科研则围绕着教学发挥作用。实践教学计划的制订和实施应主动争取相关行业和企业专家的参与，通过建立专业指导委员会来沟通产学研渠道，共同制订、参与和监督人才培养的全过程。

学校应根据企业的人才培养规格要求，开设相应课程；企业可为培养应用型人才提供实践锻炼机会，同时向学校推荐工程技术专家到学校担任主讲或顾问。产学研合作需按照互惠互利的原则，选择和争取那些技术先进、热心于职业教育、专业对口的企事业单位，与其签订联合办学协议书，使科研为地方经济服务，并把科研工作与人才培养结合起来。让学生参与科研活动，是尽早把学生引向学科前沿的有效手段。另外，教师的科研项目也可以吸收部分学生一起参加，教师负责总体设计与技术把关，让学生在教师的指导下完成项目子课题的设计。

三、理论实践一体化教学模式

理论与实践相结合的教学模式，是指学生和教师在技术实训中心进行教授和学习同时结合实际操作，以完成特定的教学目标和任务。通过设立实训中心，可以使教学紧跟企业技术的发展水平，与实际技术保持同步更新，营造职业氛围，实现能力和素质的同步培养。同时，学生能够接触到先进的生产设备和教学装备，受益于此。通过将理论教学、实践教学、技术服务和生产相结合，推动职业教育教学的深化改革，强调其应用性、综合性、先进性和仿真性。同时，这也是培养“双师型”师资队伍的重要途径。

第四节 现代教育技术在职业教学中的应用

一、现代教育技术在职业教育中应用的目标和范围

（一）应用的目标

在职业教育领域中，现代教育技术的主要目标是加深教学和教育的改革，包括改变职业教育理念和教学模式，以达到更新教学方式和手段、改善教学环境的目的。应用现代教育技术可以大幅提高教育质量，其发展潜力巨大、效果显著、覆盖面广。

（二）应用的范围

在职业教育教学领域，现代教育技术得到了广泛应用。尽管目前职业教育领域没有专门的现代教育技术，但在职业教育中所使用的现代教育技术和其他教育

领域中使用的现代教育技术之间仍然存在一些不同之处。在职业教育中，注重的是将理论知识与实践技能相结合，重视实际操作能力。因此，为了增强职业教育的效果，需要在课程设置上注重实践操作的环节，因此，在教学过程中广泛应用操作性强的技术，如仿真和模拟技术。职业教育领域中，现代教育技术的应用范围主要涉及课件开发、计算机教育、多媒体教育和网络教学。多媒体教学之所以具有优势在于，它可以通过图像、声音、视频等多种形式将难以用言语阐述的教学内容展现出来，涵盖了情景搭建、模拟实验和配对练习等多个方面，这样一来就更加生动形象，更有利于学生的理解与接受。这些视听教学活动可以激发学生的学习热情和积极性，以更直观的方式帮助学生理解和掌握所学知识。

二、现代教育技术在职业教育中应用的作用

现代教育技术包括现代教育技术和理论，利用对教学过程和资源的设计、开发等环节，来达到教学现代化理论与实践、教学过程等的最优化处理。在高职业教育育中，现代教育技术的作用包括以下几个要点。

第一，高职业教育育在面向市场办学时，现代教育技术为其供给了最强的保障。市场竞争越来越大，对人才的需要逐渐多元化发展，种种变化要求高职院校在办学时必须面向市场，连续不断地调整培养人才的目标，来使毕业生的能力适应社会紧缺岗位所需要的工作能力，但是这种面向市场的专业调整的办法，一定要运用现代教育技术来加以实现，以往传统的教育办法不能满足这种需求。

第二，高职业教育育教学可以受益于多媒体和网络技术的运用，从而激发创新思维、探索新的教学方法和应对新问题的能力。多媒体教学借助 CAI 课件实现了互动效果十分出色的问答、逐步示范、自由提问、真实模拟、虚拟实验等功能。CAI 课件不仅支持教师指导下的自主学习、复习、练习、测试和模拟试验等，还能够模拟考试的场景。

第三，高职业教育育可以利用教育技术所提供的丰富资源。除了传授课本知识外，教育技术还能够通过网络引入国外先进的教学经验和教育资源，从而推动职业教育不断发展。高职学生接收信息的量可以通过运用当今教育科技手段得到显著提升。通过上网，大学生可以获取大量与专业课程相关的资料，增加对世界各国同行的最新技术发展成就的了解，从而为未来的就业找到更多的机遇。

第四，高职学生在教育技术的推动下，得到了更好的创造力培养。职业教育是否适应社会发展及高素质人才的培养，关键在于学生的创新能力。通过提供多

媒体教学环境，可以有效地激发学生的学习主动性、积极性和创新意识，从而实现创造性的学习目标。通过运用先进的教育技术，学生可以自主构建知识，养成终身学习的习惯，从而助力高等职业教育的不断进步和健康发展。

三、加强现代教育技术应用的主要策略

（一）多媒体教室设备管理网络化

随着多媒体教室在高职院校运用日益广泛，设备的管理与维护需要顺应信息化的要求。在多媒体教室建设时，需要全面考虑使用计算机技术、多媒体技术及网络远程监控技术，协同控制计算机、摄像头、投影机、幕布、功放等设备。声音影像远程交互系统的运用，创造了一个现代化的可视化网络多媒体视听教学环境，教师与中心管理人员之间的联系更加紧密，设备维护人员也可通过远程故障排解及疑难解答，为教学保障提供了更完善的设备支撑。

（二）电脑操作的无线化

多媒体设备对教学有很大的帮助，特别是多媒体课件和影音资料的使用。在这些设备中，计算机系统是非常重要的一个设备。由于传统的计算机操作需要依赖键盘或鼠标等输入设备，教师无法离开主控台，这就导致了学生和教师们在多媒体教室中觉得互动性不够，这是一个主要的障碍。为了克服多媒体教室中教师与学生互动的技术难题，我们可以考虑运用无线电子教鞭来代替键盘和鼠标，这样无论教室的位置如何，都能实现电脑的基本操作。同时，可以采用小型纽扣式无线话筒，以实现教师和学生之间的良好互动，营造出融洽的课堂氛围，从而提高教学效果。

（三）建设高素质师资队伍

随着现代教育技术的快速发展，对教师的要求日益提高，这也使得教师们面临着更加巨大的工作压力。为了缓解这种压力，高职院校应该积极鼓励教师不断学习并为之创造条件，定期进行培训。教师需要改变教育观念，不仅需要精通本专业所授课程的知识和技能，还应该具备一些现代教育技术的应用知识。教师可以根据学生的实际情况，利用信息技术手段来设计教学内容，以达到教学目标。但在此过程中，需要平衡教师的教学和学生的学习，并重视学生的主体作用。在进行培训时，需要考虑学校自身的情况，探索并研究合适的培训理念、方式和模

式，以确保达到预期的培训效果。在观念方面，教师的现代教育技术培训应与新课程改革相融合。要确保教师具备现代教育技术理论知识，并根据教师的信息素质进行培训。在教师现代教育技术培训中，应致力于建立系统化、科学化、标准化的管理。

（四）充分利用网络再现教学过程

随着互联网的进步，学生能够通过网络进行学习，同时教师也可以通过网络与学生进行沟通。可视化网络多媒体教室让教师的课堂教学记录得以录制并储存在网络中心的存储服务器上。学院可以将优秀教师的课程通过网络传输到其他多媒体教室或存储在网络服务器上，以便随时使用，以最大程度地利用资源。通过在校园网络上提供教学内容，学生可以自主选择观看，激发学习的动力。教师可以利用教学平台录制和发布课堂视频，与学生进行互动和交流。对一些年轻的教师来说，如果能够以第三方的视角来审视自己的整个教学流程，将有助于快速提升自己在课堂教学方面的技能和能力。此外，这种方法还可以更好地设计教学内容，从而提高学生的学习积极性。

（五）加强现代教育技术的应用推广

首先，借助精品课程的构建，推动现代教育技术在教学中的应用。教学中尝试和实施优质示范课程可以起到引领和榜样作用，有利于有效推进现代教育技术在教学中的应用，同时也大力促进了课程建设和教学改革。其次，加强将信息技术与课程紧密结合，积极探索并应用现代教育技术，以创新教学方式。将信息技术与课程整合是一种将信息技术、信息资源、信息方法、人力资源与课程内容有机地结合起来，共同完成课程教学任务的新型教学方式。这种教学方式将信息技术与教师的组织、指导和帮助学生学习相结合，从而形成有机的学科教学过程。

在高职业教育育中使用现代教育技术是教育现代化的重要体现。高职业教育育的发展是促进经济和社会长期发展的重要手段，也是提高劳动力素质和开拓就业领域的重要行动。因此，在当今的教育中，应充分开发利用教育资源，完善基础设施，并掌握新的现代教育技术手段。这样，现代教育技术的功能和优势就能在教学中充分发挥，从而推动教育的改革和发展。

第五章　现代职业教育的课程构建

本章主要讲现代职业教育的课程构建，主要介绍了现代职业教育课程的相关概论、现代职业教育课程的开发、现代职业教育课程的未来发展三个方面的内容。

第一节　现代职业教育课程的相关概论

一、职业教育课程的特征

（一）定向性

职业教育所培养的人才必须具备特定行业或工种的技能和知识，相应的课程也必须包含相关的普通文化课程且要体现出职业性，以保证学生学有所用。因此，职业教育的课程定位于特定行业或职业群体，以满足学生职业需求并注重职业导向。由于不同地区经济发展和行业技术水平的不同，同一职业领域有特定的人才要求，因此职业教育的课程具有区域和行业特色，并具有针对特定行业或区域的定向性。为了确保职业教育课程的有效性，相应的课程标准和课程方案的确定需要利用职业分析的方法，以实现课程的定向性特征。重视职业教育课程的定向性并非排斥其适应性，而是要在课程设计时注重培养学生适应职业需求的能力。这也就意味着，如果离开行业和企业的参与，开发、实施和评估职业教育课程的有效性将受到影响。

（二）适应性

适应性主要体现在两方面：一是经济在不断发展，社会在不断进步，职业教育要学会适应其各种职业需求。满足社会对实用型人才的需求是职业教育的最基本使命。我们所处的社会是不断变化的，所以对于人才的需求也是不断变化，因此职业教育课程要想适应这种变化就需要根据社会的发展及时调整课程内容。在开发职业教育课程时一定要考虑劳动力市场的需求，以使各专业课程的内容与地区、行业的实际需求相适应，与技术的变迁相适应；二是要适应不同学习者的需求。职业教育课程要与不同学习者的需求相适应，增强学生的就业能力，帮助学生掌握各种各样的知识和技能，树立正确的学习态度及价值观。

（三）应用性

作为一种为从事职业做准备的教育方式，职业教育着重培养学生掌握未来职业所需的知识和技能，注重实践应用，并要求学生通过所学知识获取谋生的能力。课程设置应当实现理论与实践的结合，把与生产、服务和管理等职业实践有关的内容融合于课程中，以便使学生能够积累更多的实际工作经验并具备相关的职业技能、职业道德、职业规范。课程教学还应关注如何将所学知识有效应用于实践，同时要特别注意运用方法、条件、手段以及效果的评价，而不是过分注重理论推导和原理分析方面的内容。总之，课程要体现出应用性。对于职业教育课程应用性的强调，并非是忽视课程的基础性。在开发职业教育课程时，需要同时关注课程的应用性，以利于职业活动的应用。此外，在注重个性发展的前提下，还要注重掌握共同的基础技能、知识和行为方式。

（四）整体性

实施和评价职业教育课程要从整体上考虑。实施和评价表现课程，以及学生学习的过程，应该被看作一个完整的系统，其中包括思考、观察、行动和反馈这几个方面。职业活动系统与整体性密切相关。因此，课程的计划、实施和评价是相互联系的一套流程，体现了课程的整体性。这个过程不仅传授学生技能和知识，还要培养学生独立制订、实施和评估计划的能力。尽管我们强调职业教育课程整体的功能和意义，但这并不意味着我们会忽视该课程不同阶段所具有的各自特定的计划、实施和评价的局部目的和作用。

（五）实践性

职业教育课程涵盖了代岗作业、实验验证、代岗实习、实训模拟、创作设计等多个方面的内容。社会用人单位期望职业教育毕业生在毕业后能够直接胜任工作，或者在短期内适应并胜任岗位工作。职业教育旨在为实际工作做好准备，并要求学生能够高效地完成工作任务。实践学习知识最为有效的途径是实践过程，因此，职业教育学生的学习过程应尽可能与工作实践过程相结合。将工作实践过程融入学习过程，是职业教育课程内在的必要条件，也是职业教育课程体现实践性重要的方式。

（六）灵活性

为了适应快速变化的各地区劳动力市场和职业领域的需求，职业教育培养模式需要考虑到学习者的多样化需求。因此，要灵活地设置课程和构建课程结构。职业教育需要随时更新专业方向，灵活地调整教学内容，让学生更积极主动地学习，提高学习的灵活性，让学生随时根据个人兴趣和就业需求来选择转换方向。要增强职业教育课程的适应性，需要让其具备高度的弹性和适应性。职业教育课程的模块化趋势体现了这种灵活性的特征。

（七）综合性

职业教育课程主要以职业活动为基础，以工作需要的技能为指导，设计开发具有兼容性的结构，有时需要涉及多个学科的知识。职业教育课程采用多种形式进行教学，常见的包括实践课和理论课两种。一般而言，理论课被划分为专业课程、技术基础、文化基础三种类型，课程种类众多，各种内容的呈现方式也不同。对于一些动作技能课来说，为了更好地传授知识，需要使用多种不同形式的教学媒体。此外，职业教育课程的受众具有广泛性，包括不同层次、年龄的人都会接受其教学内容。

二、职业教育课程的类型

职业教育课程理论与实践探讨中，可通过多个方面进行分类，以便区分不同的课程类别。

（一）按课程教学形态

从教学形态角度考虑，可将课程分为活动课程与学科课程。

学科课程主要目的在于让学生学习专业知识，课堂教学是学科课程主要的教学形态。学科课程的教学内容上注重纵向的顺序、连贯性、系统性，通常着重传授理论知识和形式训练，注重知识的迁移，因此具有很好的教学效果。然而，学科课程往往无法充分关注学生的情感培养和技能训练，导致学生较难自觉地将理论知识应用到实践中。职业教育课程目前主要集中在学科课程上，因此需要改革。

在职业教育的实践中，活动课程是指系统地组织、规划和实施一系列专业实践活动，旨在让这些活动成为一个课程或一个独立的学习单元。这些实践活动包括实验、实习、设计和操作等，都是为了实现特定的学习目标和职业能力的培养。

活动课程的主要目的是让学生通过亲身体验获得更多的感受和体会，而教学形态则更注重让学生走出课堂去实践。活动课程突破了学科逻辑组织的界限，强调学生的积极意识，将学习与现实生活相结合，注重实践经验的重要性，强调实际行动培养学生实际应用技能，并重视学生的个性差异，从而能够解决学科课程的一些局限性。

活动课程的目的在于通过运用实践活动来加强学生对所学知识和技能的理解和掌握，同时，利用主体与客体之间的互动，对原本零散的知识和技能进行协调和整合，以提高学生的迁移能力，让他们在真实或模拟的职业工作环境中更加灵活地应用所学的知识和技能，创造出有效的工作方式。

（二）按课程管理和设置的要求

根据课程设置和管理的要求，课程可被分类为选修课和必修课。

必修课程是由学校或政府规定的，学生一定要完成且需要达到相应标准的课程；而选修课程则不是强制性的，学生可以在一定范围内自由选择学习。选修课程可以分为两类：一是限定选修课程，需要学生在规定的若干门课程中选择一门或几门学习；二是自由选修课程，没有限定选择范围，学生可以自由选择学校所开设的所有课程进行学习。

（三）按课程组织方式

根据课程的组织方式，可以将课程划分为综合课程和分科课程两种类型。

分科课程是一种将教学内容按学科单独划分的课程组织方式，也称为科目课程。科目课程注重将学科分类，强调不同学科门类之间具有相对独立性，同时要求学科逻辑体系的完整性。综合课程是一种跨学科的教学方式，它汇集了多个学科领域的知识、观点和方法，以探究一个中心主题或问题为目的。如果综合课程的主题或中心来自特定学科的知识，则称之为综合学科课程或学科本位综合课；如果主题或中心源于社会实践，称之为社会本位综合课程；如果源于学生自身的动机、需求、兴趣和经验，则称之为综合经验课程或经验本位综合课程。综合课程是一种跨学科的教学方法，着重强调不同学科之间的关联性、统一性和内在联系，以推进学科之间的融合发展。综合课程与分科课程不是对立的，而是互补的。它们都拥有独特的价值，无法相互替代。

职业教育有两个主要目的：一是培养学生实际操作技能，二是培养学生解决问题的能力，为此综合课程成为职业教育课程的主要内容。在课程内容的安排上，我们可以选择两种不同的方法。

一是以问题为轴心，将原先分属于各学科的知识分离出来，为回答或解决某一问题服务，或者为围绕某主题获得相关的实用知识服务。职业教育的某些专业课程，如设备的故障诊断和维修课程等，比较易于组织成问题中心型综合课程。某些带有提高、扩展、更新性质的专题研修课程，也宜采用此类课程。二是以职业能力为基础，按照职业能力的结构方式来组织课程内容，以确保学生能够掌握所需的知识、技能和态度等要素，从而提高其职业能力水平。能力中心型的课程聚焦于针对性和实用性，只注重与职业能力要求相关的知识、技能和态度，而忽略与之无关的内容，缩短了与实际工作的距离。在设计综合课程时，一般将这些知识、技能、态度分别编成一定的课程模块。如 CBE 课程模式和 MES 课程模式就是典型的能力中心型综合课程。

（四）按课程表现形式

按课程表现形式或影响学生的方式可分为显性课程与隐性课程。

显性课程是指院校情境中以直接的、明显的方式呈现的课程。大多数情况下，显性课程是以院校教育中有计划、有组织地实施的正式课程或称官方课程的方式呈现。

隐性课程则是指在学校中以内隐、间接的方式呈现的课程。隐性课程时常带有非预期性、非计划性，以非正式的、非官方的课程方式呈现，具有潜在性，因此，潜在课程也是指隐性课程。隐性课程指的是在教育过程中，通过文化、物质、社会关系等方面所构成的教育环境来进行潜在的教育。具体而言，这种课程可以被分为多个类型，一是制度型隐性课程，例如学校所制定的各种校训、校风、规章制度、校服和告示等；二是关系型隐性课程，如院校中师生关系、生生关系、社会上的人际关系等；三是校园文化型隐性课程，指校园文化产生的影响，例如文化活动所营造的氛围以及文化活动的价值取向等方面；四是校园环境型隐性课程，这指的是校园内的建筑、场所规划、绿化、美化、宣传设计等方面。

隐性课程具有潜移默化的教育功能。我国的职业教育先驱黄炎培先生在实践活动中早就注意到了运用校风、校歌、校训和校徽的作用，来对学生进行职业道德教育和职业意识的培养。

（五）按课程实施阶段

按课程实施阶段可分为建议课程、书面课程、感知课程、教授课程、体验课程、评价课程。

建议课程是指由研究机构、课程专家提出的应该开设的课程；书面课程是指教育行政部门规定的教学计划、教学大纲；感知课程是指教师感觉到的课程；教授课程是指课堂上实施的课程：体验课程是指学生实际体验到的东西；评价课程是指评价者能够评价到的内容。

（六）按课程设计、开发和管理主体

根据课程设计、开发和管理主体可以将课程分为三种：校本课程、地方课程、国家课程。

广义上的校本课程是指学校实施的课程体系，包括院校实施的地方和国家课程，以及院校自行研发的适合本校的课程；而狭义上的校本课程则是在确保国家和地方课程完美实施的前提下，由院校开发具有本校特色的课程。目前，人们习惯上将院校自己开发的课程称之为校本课程，以区别广义的校本课程。

广义上的地方课程是指由地方负责管辖和实施的课程，包括地方管理和实施国家课程和地方实施自己自主研发的课程；而狭义上的地方课程是指仅在该地方实施的课程，通常情况下，人们所提及的地方课程都是狭义上的地方课程。

从广义上讲，国家课程是指由相关政府机构制定并发布的各种教育课程方针和政策。比如，教育部颁布了课程管理与开发一系列的政策、课程的比例和范围、课程方案，教材编写、审查和选用等方面。狭义上所指的是由国家委托的相关部门或机构制定的必修课程或核心课程的课程标准或大纲。国家课程是国家意志的集中体现，对于一个国家基础教育的质量具有重要影响，因此，国家课程具有统一规定性和强制性。

（七）按课程的功能

按课程的功能可分为公共基础课程与专业课程。

公共基础课程指偏重人格修养、文化陶冶及艺术鉴赏的课程。它与专业知识相配合，兼顾学生继续教育的需求。公共基础课程一般包括德育课程（含职业素养课程、活动课程和社会实践等)、文化课程、体育与健康课程、艺术类课程，以及本专业有别于其他专业的基本能力培养等

专业课程提倡理论实践一体化，以实践为核心，辅以必要的理论知识，兼顾学生就业或继续进修学习所需基本知识和能力培养。一般包括专业基础课程、专业（技能）方向课程、专门化实训和顶岗实习。

三、职业教育课程的理念

职业教育课程的理念有以下几种。

①学科论：在职业教育中务必要保持学科课程，利用系统性知识组织课程。

②通论：职业教育课程内容应该不受某些特定职业领域的限制，而应该全面考虑到个体适应多变社会的需要，以及人性本身的完善需求，并且更好地展现出与大众相关的特征。

③职业论：削减理论课程课时的比例，增加实践课程比例，用围绕职业岗位的工作任务组织课程。

④专业论：职业教育是一种服务于个体就业与经济发展需要的教育，这是其核心价值所在，课程体系不应过多地受普通课程的干扰，应当突出满足岗位需要的职业能力的培养。

⑤基础论：基础性是职业教育课程设计的主要思考维度，课程内容不应仅以眼前的实用为取向，关键要为后续学习或发展奠定基础。

⑥实用论：实用性是职业教育课程设计的基本价值取向，职业教育课程要摆脱简单移植普通教育课程模式的倾向，降低课程内容的理论难度，关键要给学生提供对就业有价值的知识和技能。

四、职业教育课程的模式

（一）三段式课程模式

三段式课程模式可以按照适当的顺序排列各类课程，从而构建出相互衔接又各自为主、具有自身特色的课程体系。通常将职业教育课程按照三段式课程模式进行划分，不过划分的具体方式因观点不同而存在较大差异。一种常见的分类方式是将课程分为专业基础课、文化基础、专业课三类。另外一种广为流传的看法是将课程分为专业理论课、文化基础、实践课三类。此外，这些课程的命名在不同的观点中也有所差异。像文化基础课这样的课程，可以称之为“文化课”“普通文化课”等；专业基础课有“技术基础课”等名称；实践课有“技能训练”“实习”“实训”等名称。目前，绝大多数职业院校仍在采用三段式课程框架。

三段式课程模式将学科基础理论和实践课程放在同等重要的位置，注重学科体系的完备性，重视文化基础知识，实践课单独设课自成系统。

这种课程模式的优势在于：教学上循序渐进，课程安排上力量集中，逻辑性强，有利于学生有效地掌握已为人类所获得的知识；系统性强，有助于学生系统地继承和接受人类的文化遗产；多以传授知识为基础，较易于组织教学和进行课程评价，可用较低的投入，获取较高的效益。

缺点为：学科中心的倾向明显，并相对忽视了各学科知识在实际运用中的整体性；学生灵活、综合运用知识的能力不足，无法在工作岗位上解决所遇到的实际问题，易造成理论与实践脱节；在技能培训方面，没有形成完整的技能培训体系，难以培养学生的“工作过程”知识和基本工作经验；在教学方法上容易偏重知识的传授，而忽视学生健全人格的形成和身心的健康发展；梯形课程排列的方式还增加了基础理论学习的难度，也不利于理论与实践的整合。

（二）核心阶梯课程模式

核心阶梯课程模式，也可以被称为双元制课程模式，双元制的主要特征是：学生不仅可以在私营企业中接受职业技能培训，而且还可以在公立职业学校中接受义务教育，其中包括专业理论知识和文化基础知识。这种双元特性，指的是将企业和学校、实践技能和理论知识相结合，融为一体，是培养一名合格技术工人所必须具备的重要组成部分。

核心阶梯课程模式是一种全面的、以职业活动为核心的课程体系结构，它建立在扎实的专业训练基础上，分为实践课程、专业课程、普通课程。这里的专业课包括三门课：专业计算、专业理论、专业制图。所有实践课程和专业课程的内容均被分为三个呈阶段上升的培训，即基础培训、分业培训、专长培训，这是为了符合培训条例的规定。这一课程构架被称为“核心阶梯式”。

核心阶梯式课程模式由学校和企业合作，共同负责人才培养工作，共同制订课程学习计划。其优点在于能够保证学生在广泛基础培训的前提下逐渐分化而最终达到掌握专长技术的目的，非常适合企业对人才多能和多层的需要，同时，由于避免了过早分化，学生不但有机会选择适合自己兴趣与爱好的职业而且拓宽了他们的就业范围，增强了他们转岗的能力。双元制课程体系注重培养学生的实践能力，侧重于提升操作技能并采用了综合课程方法构建核心阶梯式课程结构。该体系的知识点涵盖面宽，但每个知识点又浅显易懂，强调实用性，帮助学生将所学内容运用到实际生活中。在双元制课程中，强调培养综合性工作所需的各种关键能力，使学生成为具备广泛适应性的职业技术人才，并方便他们迅速就业和转岗。这有利于增强学生对企业生产和管理的理解。

（三）实践导向职业教育课程模式

实践导向职业教育课程模式是我国职业教育工作者目前正在积极探索的一种课程模式，如任务引领型课程、项目课程开发模式等。

1. 任务引领型课程

（1）定义

任务引领型课程以工作任务为核心，按相关性设置课程，按照工作任务选择和组织课程内容的课程。根据工作岗位的具体情况，工作任务需要进行挑选或制定。它的课程设置与以学科边界为基础，按照知识逻辑组织内容的学科课程不同。

（2）特征

第一，任务引领。以工作任务为导向，推动学生发展综合职业能力，通过完成工作任务掌握相关理论知识、技能和态度。

第二，以产品（服务）为驱动。任务引领型课程注重通过实际完成工作任务来达成课程目标，帮助学生获得成就感并激发其学习动力。通过完成具有代表性的产品或服务，以“解剖麻雀”的方式获得各项职业能力，以便完成特定的工作任务。

第三，目标具体。任务引领型课程的设计需要明确规定课程目标，以指导教学过程和提高教学效果的评估。

第四，内容实用。任务引领型课程注重根据工作任务的需求来确定课程内容，不追求理论体系，而是追求内容的实用性。

第五，学做一体。任务引领型课程认为应以工作任务为核心，从而打破长期以来将理论和实践割裂开来的局面，实现理论和实践的无缝衔接。

（3）结构模式

任务引领型课程根据任务之间的关系可以采取三种不同的结构模式：递进式、并列式和流程式。递进式的结构模式是将工作任务按照难度逐渐递增进行排列；并列式的结构模式则是将工作任务以平等并列的方式进行排列，它们之间既没有复杂度的区别，也没有明显的相互关系；而流程式则是按照一定的逻辑性进行，达到更为全面、高效的课程效果。

2. 项目课程开发模式

这是一种带有中国特色的工作过程导向的课程开发模式。

项目课程在我国职业教育改革的背景下应运而生。它的目标是提高学生的职业能力，激发他们学习的热情，满足企业对人才素质的要求。它将指引我国当前及未来的职业教育课程改革，促进我们研发出融合中国特色、本土化的职业教育课程体系。

项目课程的目标在于培养职业能力，依据岗位需求，将工作结构作为框架，将工作过程作为教学内容进行教学。课程强调情境中心和任务中心。项目课程将理论知识与操作知识融为一体，在工作任务中实现理论与实践的结合，从而增强了工作与课程内容之间的联系。同时，通过在复杂的工作环境中进行判断和解决问题，学生还能够提高自己的综合职业能力。

综合课程开发是一个融合了主观设计和客观分析的过程。要确定教学环境并设计教学项目，分解和阐述工作流程是至关重要的。课程开发的使命在于将那些有助于教学的工作过程描述出来，创造出能够实际学习的情境，并以教育项目的形式进行设计。为了更深入地分析工作过程，需要先对工作过程的各个方面做出详细描述。这些方面包括关键的工作组织方式、基本工作对象，以及社会、企业和顾客对该职业（专业）期望的要求和法律标准等。可以观察到，工作过程导向课程通常是开放性的课程规划，因此它们是适合作为高等职业院校的校本课程。

项目课程有以下主要特点。

第一，保持学习中对工作过程的整体掌握，学生可在完整的和综合的行动中进行思考和学习。

第二，以学生为中心，课程面向每一个学生，关注学生在行动过程中的学习体验和个性化创造。

第三，合作式学习培养了学生解决实际问题的能力。

第四，强调对学习过程的思考、反馈和分析，课程评价标准具有多元性，行动的过程和结果具有开放性。

第五，重视典型工作情境中的案例，以及学生自我管理式学习。

第二节　现代职业教育课程的开发

课程开发是指通过需求分析制定课程目标，确定课程结构，选择课程内容，组织相关教学活动并进行计划、组织、实施、评价、修订，最终达到既定目标的整个工作过程。它是一项复杂的工程。

一、职业教育课程开发的原则

（一）创新教育是全面素质教育的核心

素质是人在先天生理基础上经过后天教育和社会环境的影响，由知识内化而形成的相对稳定的心理品质。也就是说，素质是知识的稳定、内化和升华的结果，具有理性的特征。知识是培养和提升素质的基础，但单凭知识并不能代表一个人具备较高的素质水平。个人的素质是隐藏在内心深处的潜在品质，可以通过个人的言行外在表现出来，对个人对待外部环境和自身态度具有较为稳定的影响。

素质教育从整体意义上讲，是提高人的身心健康和发展水平的教育，是强调潜能的发挥，以及心理品质的培养和社会文化素养训练的整体教育。一个人的素质的养成与发展是一个逐步提高的过程，因此，应该根据不同学习阶段的生理、心理和社会文化素质的实际情况，进行富有时代特征的综合素质教育。创新教育是一种现代化教育，采用创造学的理论方法，结合现代教育学、心理学、哲学和思维科学的最新成果，旨在培养创造型人才和开发学生的创造力，并在教育教学实践中应用。

创新教育在塑造学生品格方面极为重要，对于学生能力的提升起着至关重要的作用。全面素质教育的核心在于创新教育，如果没有创新，就无法实现进步。我们需要重新审视培养目标、课程体系、教育模式、教学方法，教育内容、教材，从而构建全新的课程系统。

（二）课程编制的原则——纵向沟通和横向衔接

课程的编制亦称为课程设计。从认定目标到教材的选择，以及教学的实施，都要精心设计。课程编制过程中，应遵循的原则，按编排的形式可分为纵向组织原则和横向组织原则。

纵向组织原则。其核心是序列。传统的序列原则是按由简到繁的序列编制学习活动。这一原则的基本含义包括：由简到繁意味着涉及从已知到未知，由浅入深的学习活动；从具体到抽象意味着先呈现直观的教学内容，然后进行提炼归纳。这一原则适用于逻辑系统非常严密的学科课程编制。

横向组织原则。横向组织原则的关键理念是“整合”。整合多学科的方法来设计课程，就是横向组织的整合化。“整合化”指的是打破教材内容和学科划分的传统限制，着重于知识面的广度而非深度，更加关注知识的实际应用而非形式上的掌握。整合原则可以促进学科之间的联系，使课程与学生的兴趣和需求更贴近，同时也可以紧密结合外在经验和社会需求。联系性与综合性是横向组织原则的两个方面。横向组织原则要求将组织要素应用于各种不同的情境中，以适应多样化的需求。当我们设计的课程同时具有纵向和横向连续性时，其内容会互相强化，学生可以更深刻、更广泛地理解和掌握所学课程的基本内容。

二、职业教育校本课程的开发

校本，即以学校为本，以学校为基础。其含义是“基于学校”“在学校中”“为了学校”。其中，“基于学校”是指要从学校的实际出发，所组织的各种培训、展开的各类研究、设计的各门课程等都应充分考虑学校的实际，挖掘学校的种种潜力，让学校资源更充分地被利用起来，让学校的生命活力释放得更彻底。

（一）职业教育校本课程开发的含义

职业教育的校本课程开发，指的是在规定课程计划的框架内，结合学校和企业的优势，根据学校的特点、条件和学生的需求，由校长、教师、课程专家、企业技术人员、行业专家、学生、家长和社区人士等共同参与，制订、实施和评估学校的课程计划。其中心思想在于推崇自下而上的课程运作方式。此种方式打破了传统的自上而下的课程治理模式，它主张由学校、教师、学生及家长共同行使课程决策权。此外，这种方法更加注重以学生为中心，强调个性化教育，关注学生的差异性和适应性。

（二）职业院校校本课程开发的理念

在职业院校开展校本课程开发时，必须先明确其教学理念和方向。

1. 目标上以就业为导向

职业教育就是为了满足社会和经济发展的需求，让人们能主动适应工作岗位的就业教育。职业教育的主要目的在于提高就业率，以此为导向实现就业。职业教育的课程应当紧密关注社会和企业的需求，并且能够直接贴合于此。因此，职业校本课程的设计和开发应当以帮助学生获得就业机会为导向，以提高其就业能力和职业素养为目标和基准。

2. 课程上以能力为本位

从职业教育培养目标和以就业为主导的教育方针出发，职业教育应注重培养学生的职业能力，并以此为核心来设计能力型课程。在从事某一职业或相近职业时，人们需要具备相应的技能和能力，这些技能和能力被称为职业能力。它包括三个方面，分别是方法能力、专业能力、社会能力。为了培养学生的职业能力，我们需要在课程设置上确保每个能力目标都能够找到相应的课程或课程模块，从而以能力为核心来构建理论和实践教学体系，注重实践，拓宽基础，加强能力培养，以提高学生的综合素质。

3. 教学上以学生为主体，以教师为主导

在教学实践中，教师应该充分认识到，学生扮演着学习活动的主体角色，因此学生要靠自己自主构建知识体系、提升能力及调整态度，这才能够发挥他们自身的主动性。教师的角色已经从传授知识的主导者变为了学生引导者。他们需要担任课程设计、指导、培训、咨询的多项职责，实现“以学生为主体，以教师为主导”的教育理念。要根据学生的个性化差异，合理调整教学方法，以帮助每位学生充分发挥自身的潜能。教师应根据学生的背景、学校和社区的条件，灵活地选择、调整或改编教科书的内容甚至自己编写教材，以满足学生的学习需求。

（三）职业教育校本课程开发的模式

建立合理的开发模式是职业教育校本课程开发的关键环节。

1. 建立课程开发的基本组织结构

职业教育校本课程开发是一项需要专业教师结合行业发展实践不断总结教学经验，并持续不断地进行修正和完善的工作。在某种程度上，它是师生共同努力的成果。为了适应行业的变化，职业教育的校本课程需要不断更新并改进。该项目需要有大量的市场调查和数据来支撑，这些工作远非简单的理论撰写和资料搜集。因此，必须动员所有可用的人力资源，充分挖掘和利用所有潜在的课程资源。建立以校级领导、专业处室负责人、优秀教师和行业从业者为核心的基本组织结构，来推动职业院校校本课程开发的工作。这是非常有必要的。它有助于最大化资源的配置和利用，同时也可以加强教师之间的归属感和凝聚力。只有将多方力量有效结合起来，校本课程开发才能完整地体现学校以教学为本、培养符合市场和行业需求人才的教学思想。

2. 开拓多种校本课程合作途径

职业院校具有独特的办学特点，在课程设置上注重时效性和实践性，因此在研发校本课程方面切忌闭门造车，要开拓思路，积极寻求多方合作途径，如与其他学校进行校际合作。院校之间在相同课程方面进行合作开发，既可以减少课程开发成本，还可以利用兄弟院校的资源，从彼此的优势中互相学习；专家与院校的合作，可以充分借助专家在此领域内的深厚造诣和所获得的全新信息，开发较为前沿的课程，但要避免忽略职业院校本身现状和不足的问题；研究机构与学校间的联合，可以利用研究机构先进的科研设备和优秀的专业人才开发课程，注重课程实用性和理论性，同时考虑课程本身的特征；教育行政部门与院校合作是一种极具资源优势的合作模式，通常会得到强有力的支持，这种合作方式有助于提高院校知名度；目前许多职业院校都使用校领导和教师合作的方式来开展校本课程的开发工作，校领导和教师是最了解本校实际情况的人员，因此他们开发的校本课程更加贴近院校的需求。

以上所述的方法，不是一成不变的单一方式，而是需要不同职业院校根据实际情况进行综合考虑，并选择最适合本校的开发渠道。

（四）职业教育校本课程开发的策略

校本课程开发的目的是让所有的学校都“动”起来，让所有的教师都“站”起来，让所有的学生都“飞”起来，让所有的教育参与者都“沟通”起来。要成功地开发校本课程，必须注重开发策略。

第一，成立一个校本课程研发基地。考虑到职业教育的性质，为了开发校本课程，不仅需要在学校内部分配好人力、财务和物力资源，还要与相关企业紧密合作，实现资源共享。目前，一些高等职业院校建立了高等职业业教育育研究所，以承担这一职能。这一做法值得我们借鉴。

第二，需确立一个可靠且有效的课程开发保障体系。特别是为了确保校本课程开发的连贯性，职业院校需要制定有计划的校本课程开发方案，包括建立学术化、制度化的评价机构，以及制定相对独立的资源分配制度，使之不受校领导更替的影响。

第三，要明确课程开发的基本属性。在开发校本课程时，需要重视课程的几个方面：一是要考虑到课程的结构性。所选择的课程需要由一个最佳的知识表达结构和语言表达方式来传达信息。二是需要保持一致性。课程中不同观点之间的逻辑关系应该清晰明了，确保一个观点能够顺理成章地推导出另一个观点。三是保持完整性。每一个课程单元都需要达成一个明确的目的。四是适时性。课程需要基于实际的知识基础和背景，以达到适应现实的要求。

第四，确定课程开发的操作步骤。在制定可行的调研方案（大纲）时要考虑到应用的科学性与逻辑性，具体内容有：确定主要学科带领人和团队成员；规划课程开发计划；申请、审批和使用经费的方案；进行关于产业发展、行业划分和政策制定方面的专业知识探讨；与合作企业的战略合作关系及合作项目。

第五，明确课程开发的定位与范型。定位是指行业所需的专业学科、职业岗位群的分布。范型包括问题中心课程范型、技术中心课程范型、训练中心课程范型、项目中心课程范型、体验中心课程范型、证书培训中心课程范型及其他形式。

第六，重视课程开发的方法研究和成果借鉴。制定科学规范的校本课程开发方案，重视综合运用先进实效的研究与分析方法。如行业分析方法（国家或地区层面）、专业设置方法（国家、地区、学校层面）、专业课程开发方法（院校层面）、单元课程开发方法（院校层面）、课程评价方法（国家、地区、学校层面）；又如，在具体科学研究方法上，可以选择综合运用文献研究法、比较研究法、实地研究法、访问研究法、调查研究法、实验研究法、社会网络分析法、同期群与事件史分析法、统计分析法等。

第七，注重建立课程开发的理论框架。经过不同学术观点和理论学派的交流和讨论，课程开发中的矛盾运动特征才能被厘清，掌握课程开发中的矛盾运动基本规律，并以此促进课程改革的顺利进行。这是普教课程开发的一般模式。除此之外，职业教育的课程开发要符合人才培养目标，并确保所设置的课程内容能够真正培养学生的职业能力。重点是要在课程开发的全过程中注重专业分析的内容和标准，以及专业设置和培养目标的重要性。

第八，提高课程开发的学科前瞻性和领先性。要做到这一点，开发人员需要深入、长期地研究市场和国家的政策、法规等，并进行战略性思考。研究内容包括比对内陆和沿海地区的职业就业机会、国内和国外先进国家的职业就业情况，以及对本地区的独特行业进行深入探究等方面。

第三节　现代职业教育课程的未来发展

一、职业教育课程改革的对策

（一）树立课程开发的研究意识

许多人把课程开发简单地理解为编大纲，编教材，而“编”往往又只是“抄”或“拼凑”。同时，又犯了过于关注操作方法，忽视了理念建设的错误。因此，必须改变课程开发的工作方式，把课程理念研究与课程产品开发结合起来，以创造性的设计思维去完成每一步开发工作，着力树立起课程开发的研究意识，努力形成每个专业乃至每门课程的创立理念。

（二）严格对开发成果的要求

只有在加强职业教育课程的精细化开发方面下功夫，才能更好地认识到每个开发环节的重要性，并将笼统的要求明确细化为可行的教学方案。然而，许多院校目前的课程开发存在一个普遍问题，即在某些关键的开发环节上未能精细地把握，这必然会对课程目标的实际发挥产生影响。除了遵循精细管理思想的要求改变工作态度外，还需要筛选优秀的课程开发者，并在专家的指导下提高教师的分析能力，以提高课程开发质量。

（三）加强控制课程开发过程

在职业院校开展课程开发之前，需要制订详细的课程开发计划，明确细节，制定各阶段的质量标准。在开发课程时，需要实施过程控制，致力于确保每一个环节的质量得到严格的把控。当然，课程开发是一个逐步深入的过程，通常是在教师完成后续的开发步骤后，回过头来才能更好地修改之前完成的步骤。因此，需要加强对课程开发过程的掌控，不能简单地执行步骤，而需明确每个步骤的质量标准，确保每一步都符合要求。

（四）构建校企合作机制

企业必须积极参与和全面支持项目体系建设和课程开发的过程。校企合作项目课程中涵盖了模拟项目和真实项目。只有通过参与真实项目，学生才能获得更深入的职业能力提升，而模拟项目只能帮助他们培养基础职业能力。模拟项目与真实项目互为补充，二者构成了完整的项目体系。模拟项目相对稳定，而真实项目则是开放的。这种完整的项目体系为学生的职业能力发展提供了一个完善的阶梯。真实项目对于学生的职业能力发展至关重要，是职业教育课程独特的亮点。因此，应该努力推动真实项目的开发，以更好地促进学生的职业发展。

（五）课程体系中加入创业教育

在职业教育中，基于工作流程的课程设计方法摆脱了传统学科系统的限制。它将学习和工作流程与学生的个性和能力发展紧密结合起来，注重培养学生适应工作环境的能力，同时也强调构建或参与构建工作环境的能力培养。要贯彻这一理念，在课程体系的设计中应该考虑将创业教育模块纳入学习领域，这是实现目标的最佳方式。

就职业教育课程改革而言，关键性的进展是在更加科学、系统、细致的范畴中构建课程体系。相较于初级阶段主要集中在打破学科体系的目标，这一进阶阶段的跃升难度更大，且更加具有实质性。为了迈过这个难关，必须将课程开发和课程研究紧密结合。

二、职业教育课程开发的发展趋势

现在，我国正在推进第三次职业教育课程改革，其中在工作过程的基础上建立的工学结合的课程模式，正在成为带动整体性职业教育改革的主要模式。要不断学习先进国家的课程开发方法和职业教育理念，并在此基础上，发展具有中国特色的职业教育课程体系，以此推进职业教育课程改革。

（一）课程导向能力化

职业教育课程发展的主流趋势在于将重心从知识本位转向能力本位，并将能力本位与全面素质发展结合起来。传统职业教育课程以知识为本位，更重视学科体系的完整性，但其课程内容与产业界所要求的职业能力并不匹配，因此常被产业界批评。因此，需要探索一种能更有效地培养职业能力的课程模式，以满足职业教育课程发展的紧迫需求。20 世纪 80 年代以来，随着职业教育的发展，能力本位教育已迅速在加拿大、美国、澳大利亚、英国等国家得到广泛推广和使用，成为当前全球职业教育课程发展的重要趋势之一。

（二）课程目标多元化

社会逐渐从工业化转变到信息化，职业教育课程的目标也发生了变化。以前只注重培养单一的专业技能和能力，现在更注重培养创业能力、社会适应能力、综合职业能力，更注重态度、情感、价值观等素质方面的教育。教育也更注重工具性、实用性和发展性。这种趋势势必推动不同课程理念有机融合，使职业教育课程观逐渐从以技能为主的单一模式，向以综合职业能力为核心的多元综合模式发展，从学科本位向能力本位发展，再从能力本位向人格本位发展。这种趋势表明，当代职业教育课程改革的一个重要方向是将职业教育课程目标从单纯的技术劳动者培养转变为培养具备技术和人文素养的人才。这种多元综合的课程观要求在职业教育课程的发展过程中贯彻“以人为本”的思想。

（三）课程范围广域化

随着科学技术转化为直接生产力的速度日益加快，且社会职业转换频率的提高使学习者为某一具体职业做准备的传统的职业教育课程模式受到了巨大挑战，终身职业教育理念迅速为世界各国所接受。从学习者个体职业生涯发展的角度来开发课程，成为必然趋势。同时，随着工作性质的改变，现今大多数工作的完成不再仅仅依赖从业人员熟练的技能，而需要他们具备精湛的解决问题的能力，渊博的专业基础知识，以及优秀的团队合作精神和职业态度等全面发展的素质。这就要求职业教育必须尽可能地拓展课程内容的范围，注重培养学习者的非专门化技术能力，即关键能力。

（四）课程实施实践化

拥有出色的职业技能，并非仅仅依赖理论学习，更需要在实践中积累经验。尽管学生需要在校期间参加实际实训课程以获取经验性知识，但这种模拟的学习环境与真实的就业情境有所不同。因此，职业教育正在朝着以校企结合为核心的方向转变。相应地，职业教育课程的实施模式也正在从以学校为主导转向以校企合作为主导，采用产教结合、双元教育的方式来进一步提高教学质量。职业教育注重实际操作技能的培养，并在课程实施上强调实践性，以帮助学生培养出快速解决实际问题的能力。

（五）课程开发系统化

教育是一种无止境的投资，人应该树立终身学习的观念，来应对社会的不断变化。确立终身教育观会改变对职业教育的看法，不再将其视为一次性的终结性的教育。在现代劳动力市场，“只有终身学习、终身受教育，才能终身就业”已经成为一项基本准则，当下环境中，现代职业教育课程开发已经变成了一个系统性的工程，而且课程开发的整体性和连贯性特征越来越突出。现今，课程开发由阶段单向型过渡到连续多向型。在设计课程时，特别注重连接不同学科和层次的内容，同时努力扩展专业口径，为学生提供继续学习的机会；采用灵活的单元模块式，让课程结构更具弹性；课程计划方面，则更加灵活开放；学校、企业、行业和其他经济部门是课程开发的主体。

（六）课程结构模块化

职业教育课程的发展趋势之一是实现结构模块化，例如采用能力本位课程模式、MES课程模式、行动导向课程模式等。这些模式都在课程开发阶段强调了结构模块化的重要性。“模块”最早是用于建筑、家具和计算机等领域的专业术语，其含义有三个方面：它是一个组件或部件，大小介于整体和零件之间，并且是整体的基本组成部分；每个模块本身都是独立的，并且可以以不同的方式进行组合；每个模块都是标准化的，有严格的指标要求，否则就无法进行不同的组合。这三个方面也构成了模块课程的基本要素。

（七）课程管理弹性化

为了实现终身教育，适应时刻变化的劳动力市场，需要采用个别化教学方法，以往刚性的职业教育课程管理向弹性发展。实现这一转变的重要途径是采用学分制取代学年制。另外，已经在英国和澳大利亚广泛采用的“对先前学习的认可”旨在通过建立一个有效的评价过程，正式认可个人已经获得的技能和知识，而不考虑他们获得这些技能和知识的方式、时间和原因。自然，这些知识和技能通常不是通过正式的学校教育所获得的。

（八）课程评价标准化

职业教育课程的评价依据是行业就业标准，这有助于实现制定国家统一的职业资格标准。制定国家职业资格标准可以为职业教育课程的计划编排、目标设定、内容选择和组织，以及评价提供可依从的依据。这意味着职业教育课程的评价标准已经标准化，并预示着职业教育和培训的质量评估体系正在朝着标准化和全球化的方向迈进。因此，职业教育课程评价应该按照相关的职业资格标准来制定，以此为依据和准则。

参考文献

[1] 闫智勇，吴全全．现代职业教育体系建设目标研究 [M]. 重庆：重庆大学出版社，2017.

[2] 邵建东．高职院校专业教师团队建设与管理研究：以装备制造大类专业为例 [M]. 武汉：华中科技大学出版社，2021.

[3] 蔡代平、陈军科．现代职业教育学概论 [M]. 西安：西北大学出版社，2015.

[4] 米靖．现代职业教育论 [M]. 天津：天津大学出版社，2010.

[5] 崔景贵，夏东民．江苏现代职业教育体系研究 [M]. 北京：知识产权出版社，2015.

[6] 陈静．现代职业教育体系下我国专业学位研究生教育发展问题研究 [M]. 重庆：重庆大学出版社，2016.

[7] 常涛，高娜．高等职业教育专业改革与实践：现代纺织技术专业 [M]. 北京：中国纺织出版社，2014.

[8] 李家祥，颜绍梅．云南职业教育现代化研究 [M]. 昆明：云南大学出版社，2021.

[9] 管昕．信息化教学推动职业教育现代化的探索研究 [M]. 沈阳：辽宁大学出版社，2019.

[10] 郑世珍．现代职业教育理论体系构建：评《中国现代职业教育理论体系：概念、范畴与逻辑》[J]. 教育理论与实践，2020，40（32）：65.

[11] 聂清德，周明星．中国现代职业教育理论认识逻辑形式研究 [J]. 职业教育论坛，2020，36（7）：12-19.

[12] 张咏丽，代建军．现代职业教育改革下高职院校思想政治理论课建设的意义、问题与路径 [J]. 黑龙江高教研究，2019，37（12）：93-96.

[13] 张健．中国现代职业教育理论的逻辑体系建构初探 [J]. 河南科技学院学报，2016，36（8）：1-4.

[14] 周明星，高涵，聂清德．论中国现代职业教育理论体系的构建 [J]. 教育研究，2017，38（11）：65-69.